LA COMUNICACIÓN EFICAZ

Dr. Lair Ribeiro

LA COMUNICACIÓN EFICAZ

EDICIONES URANO

Argentina - España - Colombia - México - Venezuela

Título original: *Comunicaçao global. A mágica da influência*
Editor original: Editora Objetiva, Río de Janeiro, Brasil
Traducción: Juan Bastanzo

© 1992 *by* Suporte Internacional SC Ltda.
© 1994 *by* EDICIONES URANO, S.A.
    Enric Granados, 113, pral. 1.ª - 08008 Barcelona

ISBN: 84-7953-086-3
Depósito legal: B. 8.986 - 1996

Fotocomposición: Autoedició F.D., S.L. - Muntaner, 217 - 08036 Barcelona
Impreso por Romanyà Valls, S.A. - Verdaguer, 1 - 08766 Capellades

Printed in Spain

Índice

1

Inteligencia y comunicación

El poder de la palabra, el tono de voz
y el lenguaje corporal

Imagine una carabela atravesando el Atlántico, rumbo a Europa, con un valiosísimo cargamento de oro. De repente cambia el tiempo, las olas se encrespan, los vientos se agitan en una tormenta incontrolable y el tesoro se hunde. No existen testigos del naufragio ni se sabe cómo ocurrió. ¿Cuánto vale ahora ese tesoro inaccesible?

Extraído de las minas con esfuerzo y sacrificio, tendría un valor inmenso, en el caso de que pudiera usarse. Pero allá en el profundo abismo del océano, no tiene ningún valor.

Lo mismo sucede con el conocimiento. Años y años de estudio, millares de libros leídos, una erudición enciclopédica, nada de eso nos sirve si no los utilizamos. Son como libros cubiertos de polvo, encerrados en los sótanos de una biblioteca. De nada nos vale nuestro conocimiento si no sabemos expresarlo en el mundo.

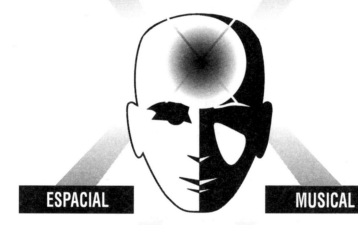

INTERPERSONAL

INTRAPERSONAL

VERBAL

ESPACIAL

MUSICAL

CORPORAL

MATEMÁTICA

Figura 1

Los conocimientos son procesados por la **inteligencia**. De acuerdo con Howard Gardner, de la Universidad de Harvard, el ser humano posee siete tipos diferentes de inteligencia: verbal, matemática, espacial, musical, corporal, intrapersonal e interpersonal. Todos tenemos estos siete tipos de inteligencia, que se complementan (fig. 1), aunque uno de ellos es el dominante en cada persona. Hasta un individuo que ha desarrollado bien todos los tipos de inteligencia, en situaciones de estrés tiende a reaccionar de la forma que en él es dominante. Por otro lado, hay personas que pueden ser, por ejemplo, brillantes en matemáticas y mediocres en inteligencia interpersonal, o viceversa.

Sobre esta inteligencia, la interpersonal, hablaremos en detalle en los próximos capítulos, ya que en ella se manifiesta la habilidad para comunicarse.

La comunicación es la más básica y vital de todas las necesidades después de la supervivencia física. Incluso para alimentarse, desde los tiempos prehistóricos, los hombres necesitaron entenderse y cooperar los unos con los otros mediante la comunicación interpersonal.

Lo que pensamos, las conversaciones que sostenemos con nosotros mismos (inteligencia intrapersonal), es muy importante, pero no basta para lograr una buena comunicación. Para que el conocimiento no permanezca en el fondo del océano de la mente, lo que realmente importa es la capacidad de transmitir nuestros mensajes, nuestros pensamientos y sentimientos.

11

LOS TRES COMPONENTES DE NUESTRA CAPACIDAD PARA INFLUIR EN LOS DEMÁS SON:

1 LA PALABRA

2 EL TONO DE VOZ

3 EL LENGUAJE CORPORAL

Figura 2

Un padre que siente un gran amor por sus hijos, pero que no consigue expresarlo, muchas veces es considerado como un mal padre por sus hijos. De la misma manera, un ejecutivo que conoce perfectamente su ramo comercial, pero que no consigue transmitir lo que sabe a sus subalternos y a sus clientes, no obtendrá buenos resultados en su trabajo. El conocimiento es un poder en potencia: sólo se convierte en realidad cuando es comunicado al Universo y transformado en acción.

* * *

La comunicación no sólo se establece con palabras. En realidad, la **palabra** representa apenas un 7 por ciento de la capacidad de influir en los demás. La mayoría de los cursos sobre comunicación se han quedado totalmente obsoletos, porque se concentran en ese 7 por ciento.

> **El conocimiento es poder** (Sir Francis Bacon)
> ... **en potencia** (Lair Ribeiro).

No quiero decir con eso que las palabras no sean importantes. ¿Cuál es la proporción de sal en la comida con respecto a los demás ingredientes? Es mínima. ¿Y de pimienta? Menos todavía. No obstante, un poco menos o más de sal o de pimienta provoca una gran diferencia en el sabor.

Para comunicarse correctamente usted necesita, antes de pronunciar cualquier palabra, formar una estructura que dé más poder a su comunicación. Según las investigaciones neurolingüísticas, el **tono de voz** y el **lenguaje corporal**, es decir, la postura de los interlocutores, representan un 38 por ciento y un 55 por ciento de este poder, respectivamente.

El uso de tales ingredientes, en el fondo, es sencillo. Siempre han formado parte de la inteligencia interpersonal de los seres humanos. Pero en el hombre, al exagerarse la importancia de las palabras, los otros dos aspectos permanecieron sumergidos, inconscientes. Actúan en nosotros, en nuestras conversaciones cotidianas, pero no nos damos cuenta.

Cuanta más educación se reciba a través de las palabras, menos comunicativas serán las personas. Una vez conocí a un especialista en comunicación, doctor por la Universidad de Oxford, que se presentó como candidato al cargo de presidente de la comunidad del edificio donde vivía, y sólo obtuvo dos votos, el suyo y el de su esposa. Su capacidad de comunicarse, en la vida práctica, estaba limitada a las palabras y, en consecuencia, su poder para influir en los demás no superaba el 7 por ciento. En otra ocasión, en una casa de campo en el interior del estado de Minas Gerais, que visité en varias oportunidades, conocí a un viejo campesino analfabeto que cautivaba a todos los que lo visitaban; todo el mundo disfrutaba conversando con él durante horas y horas.

¿Cuál es el secreto de los buenos comunicadores? ¿Se trata de un talento innato y especial? Es verdad que existen personas carismáticas, que empiezan desde cero y crean un imperio sólo con su capacidad para comunicarse. Sin embargo, todos los seres humanos reúnen las condiciones necesarias para desarrollar esa capacidad.

La comunicación es un arte y una ciencia. Los últimos descubrimientos de la neurolingüística ponen hoy en nuestras manos unas técnicas que pueden hacer de cualquier persona un buen comunicador. Además de incrementar el poder para influir en los demás, estas técnicas aumentan la inteligencia, no sólo en el aspecto interpersonal, sino también en todos los demás.

En los próximos capítulos transmitiré este conocimiento práctico de un modo sencillo, y cuando acabe de leer el libro, usted podrá experimentarlo, con resultados concretos y sorprendentes. Bastará con que lea cada página atentamente y con la mente abierta.

2

La receta de las recetas

Los errores de comunicación
y la resistencia a los cambios

Imagine a una pareja bailando en completa armonía. Es imposible determinar si es el caballero quien está marcando los pasos o si es la dama, o si es la música la que conduce a los dos a través del salón. Lo mismo ocurre con la comunicación eficaz. Palabras, tono de voz, gestos, contexto, todo forma parte del mensaje transmitido. Proceso y contenido, como la música y la danza, están sintonizados en la misma vibración.

Toda música tiene una danza que es la que armoniza mejor con su ritmo. Si está sonando una samba y bailo un bolero, por más que me empeñe, no saldrá bien. ¿Cuál es, entonces, la música que corresponde a la danza de la comunicación?

De nada serviría enseñar aquí algunas recetas aplicadas a temas específicos, ya que las posibilidades son ilimitadas y se renuevan a cada instante. En lugar de enseñar técnicas para hablar o escribir, como hacen tantos libros y cursos, lo que me propongo es explicar el proceso previo a eso, es decir, ¿cómo siente el cerebro que se comunica o no?, ¿cómo recibe y procesa las informaciones que escucha, ve o expresa en palabras, verbalmente o por escrito?

No voy a enseñar recetas, sino **la receta de las recetas.** Con esa llave maestra usted podrá abrir todas las puertas de la comunicación interpersonal.

* * *

Es impresionante la cantidad de energía que se pierde diariamente en el mundo debido a errores de comunicación. Informes mal escritos, explicaciones mal formuladas, mensajes mal transmitidos, conversaciones mal encauzadas... Y como consecuencia de todo ello: pérdidas económicas, trabajos rechazados, productos inutilizados, esfuerzos desperdiciados, conflictos profesionales y personales, procesos judiciales y hasta guerras entre naciones.

Se puede afirmar que el 99 por ciento de los problemas del ser humano son de origen lingüístico. Nunca nos encontraremos con un perro llorando porque se han olvidado de celebrar su cumpleaños, por la sencilla razón de que el cumpleaños no forma parte del universo lingüístico del perro. En cambio, en nosotros los humanos, valores de este tipo nos crean en todo momento estados mentales de ansiedad, frustración, celos, resentimientos, etc., lo cual provoca situaciones conflictivas.

Para intentar protegerse de los problemas, las personas tienden a evitar lo desconocido. Se refugian en valores y hábitos que ya conocen. Procuran hacer tan sólo aquello con lo que están familiarizadas. Reaccionan contra lo nuevo, se resisten a los cambios, tanto en el trabajo como en la vida privada, en las concepciones políticas, religiosas, etc.

De este modo, creamos en nuestra vida una **zona de comodidad**. Nos resulta difícil aprender o hacer cosas nuevas, nos duele cambiar nuestras actitudes, porque implica salir de esa zona de comodidad (fig. 3). Lo que no es familiar tampoco es cómodo y entonces se convierte en un obstáculo. No obstante, el verdadero aprendizaje siempre ocurre fuera de la zona de comodidad.

En realidad, en un mundo en constante cambio, preservar actitudes, creencias, etc., no es la mejor alternativa. Tenemos dificultades con lo nuevo hasta que lo aprendemos. El conocimiento anterior, entonces, muchas veces se vuelve obsoleto.

Figura 3

En tiempos de transición, la preservación no es una buena opción.

El conocimiento humano empleó más de un millón de años en llegar a la fase agrícola, millares de años en alcanzar la época industrial, algunos siglos en llegar a la electrónica, y pocas décadas en alcanzar la biotecnología. En la actualidad, el conocimiento se duplica cada cuatro años. Dentro de poco tiempo, a partir del año 2000, se duplicará cada veinte meses. Las formas tradicionales del saber, del aprendizaje, de la administración, etc., se han vuelto obsoletas. El ejecutivo de hoy, por ejemplo, ya no puede pretender estar al corriente de todo lo que ocurre en su área de actividad, porque aun empleando todo su tiempo, nunca sería suficiente. La opción es entonces abrir más el canal de la intuición, el hemisferio derecho del cerebro, y de esta manera expandir la conciencia hacia nuevas dimensiones de la inteligencia, más sutiles y poderosas. Esta expansión de los poderes de la mente constituirá una conquista notable del ser humano en las próximas décadas.

La civilización siempre ha sido impulsada por una pequeña minoría. El resto (millones de individuos) sigue detrás, pasivamente, como un «rebaño». Si usted quiere desarrollar plenamente sus habilidades, es primordial que destaque del resto, que participe en el mundo no como un objeto, a merced de las circunstancias, sino como un sujeto activo, llevando las riendas de su destino. Utilizando mejor sus recursos, no desperdiciará energía y aprenderá a hacer más con menos.

* * *

En la comunicación se desperdicia energía cuando el mensaje que se transmite no produce ningún resultado, cuando no se obtiene nada. Así, por un lado tenemos **el lenguaje que genera acción**, haciendo que algo pase en el Universo, y por otro el que no genera ninguna acción: por ejemplo, un comentario, una lamentación, una conversación sin sentido, son energías que no producen nada en el Universo.

Hay personas que utilizan el lenguaje para generar acción, están siempre creando nuevas realidades, y todo el mundo quiere estar cerca de ellas. Hay otras que usan la comunicación para nada, y les encanta explicar sus problemas, inventar intrigas o decir tonterías.

Una advertencia para aquellos a quienes les gusta contar sus problemas a los demás: el 80 por ciento de los que escuchan no están realmente interesados, y al 20 por ciento restante les causa alegría saber que usted tiene problemas. Entonces, no pierda el tiempo contando sus problemas a los demás.

Otro tipo de lenguaje que tampoco crea realidad son las frases con el verbo en condicional: «Me gustaría agradecer a tal persona...». Entonces, ¿por qué no se lo agradece? Diga: «Agradezco a tal persona...», y de esta manera estará creando algo en el Universo. Otro ejemplo: «Me gustaría invitarle a comer un día...». Esta frase sólo revela la timidez y la indecisión de quien la pronuncia. Diga concretamente: «Le invito a comer conmigo mañana», y generará una acción. (Pero antes lea el próximo capítulo, donde se explica que, para que ese tipo de propuesta tenga poder, es necesario crear previamente un contexto favorable. ¡Adelante!)

En las lenguas latinas, para decir algo se utiliza una mayor cantidad de palabras que en inglés. ¿Esto significa que generamos más acción? Al contrario.

* * *

Las distinciones
vuelven visible lo invisible
y nos permiten intervenir.

Es famoso el chiste del político minero que se encuentra en una estación de autobuses con un amigo cuando llega un conocido suyo y lo saluda: «¿Cómo estás? ¿Vas a Brasilia?», y el político responde: «No, voy a Río de Janeiro». El conocido se aleja y el político le comenta a su amigo: «¿Has visto cómo le he engañado? Le he dicho que iba a Río para que pensase que viajaba a Brasilia, ¡pero en realidad voy a Río!».

Esto es un ejemplo típico de lenguaje que no produce nada, no genera acción, sólo confusión.

* * *

¿Sabe usted qué es la **inteligencia**? Es la capacidad de hacer **distinciones**. Una persona es más inteligente que otra por el número de distinciones que es capaz de hacer en un ambiente o contexto.

Mientras que nosotros tenemos una única palabra para designar la nieve, en Alaska existen 49 palabras con significados diferentes para referirse a lo mismo. Así tienen una palabra que designa la nieve sobre la que se puede esquiar, otra para la que se puede beber, otra para la que anuncia lluvia, etc. Es decir, ellos hacen 49 distinciones de una cosa que para nosotros sólo tiene un nombre. Por lo tanto, nuestra inteligencia es limitada con respecto a este asunto, ya que no hacemos ninguna otra distinción que la de la simple presencia o ausencia de la nieve.

Ocurre lo mismo en relación con el ambiente en que vivimos. Las personas limitadas no se dan cuenta de innumerables detalles que los más inteligentes perciben, y toman una actitud pasiva, se dejan llevar, no consiguen dirigir su propia vida, no destacan del «rebaño», por mucho que se esfuercen.

La inteligencia no es un factor genético. Si bien es cierto que los genios se revelan como tales desde muy temprana edad, lo que más contribuye al desarrollo de la inteligencia es la programación del cerebro. Actualmente, al conocerse más cosas sobre el funcionamiento del cerebro, se sabe que las personas pueden entrenarse para desarrollar su inteligencia.

* * *

Por lo tanto, cuanta más capacidad adquiera para hacer distinciones (abstractas o concretas) en el ambiente donde vive, y cuanto más consiga aplicar esas distinciones en su vida cotidiana, más inteligente será.

Si a un campesino se lo traslada repentinamente a las calles de una gran ciudad, sólo verá coches, sin distinguirlos entre ellos. Pero si vamos con él al monte a cazar armadillos, en una noche oscura, nosotros no seremos capaces ni siquiera de distinguir el camino, mientras que él percibirá los armadillos incluso bajo tierra. Las distinciones vuelven visible lo que antes era invisible y nos permiten intervenir en la realidad.

Esto es válido para todos los ambientes y profesiones: el médico que logra distinguir detalles sutiles en un conjunto de síntomas y hace un buen diagnóstico, el ingeniero que distingue con claridad la mejor alternativa entre los materiales disponibles, el vendedor que sabe distinguir el argumento ideal para cada momento de la conversación, etc.

Como ya hemos visto, la comunicación eficaz está asociada a un tipo específico de inteligencia: la interpersonal. Saber distinguir los diferentes aspectos que conlleva el intercambio de informaciones entre las personas, y aplicar en la práctica este conocimiento, significa tener más poder para convencer a otras personas e influir en ellas.

* * *

Antes de continuar, una pequeña observación: el hecho de que el esquimal utilice 49 nombres diferentes para designar la nieve no tiene nada que ver con el desperdicio de palabras al que me he referido antes. Por el contrario: un mayor vocabulario da más poder para sintetizar y más precisión. El esquimal no necesita referirse a un determinado tipo de nieve con cinco o seis palabras: con una le basta.

La lectura de libros, periódicos o revistas de buena calidad, así como el buen cine, la buena música, la participación en congresos, cursos o debates, y la atención a lo que sucede en el mundo en que se vive, son actividades fundamentales para desarrollar la sensibilidad, aumentar la capacidad de hacer distinciones y ampliar la inteligencia. ¡Conéctese!

3

Lenguaje y realidad

«Sé que usted haría lo mismo por mí»

El lenguaje es lo que nos hace humanos, diferenciándonos de los demás seres vivos. Sin embargo, pensar que usamos el lenguaje para describir la realidad es pura ilusión. Lo que sucede es exactamente lo contrario: **el lenguaje crea la realidad**. Yo he creado una realidad para usted, que está leyendo este libro.

El lenguaje puede ser verbal y no verbal, y puede exteriorizarse o no. Cuando exteriorizamos el lenguaje, realizamos una **comunicación interpersonal**; en el caso contrario, establecemos un **diálogo interno** o conversación intrapersonal. Estos dos tipos de lenguaje crean nuestra realidad.

Existen cinco actos básicos de lenguaje exteriorizado: petición, ofrecimiento, promesa, afirmación y aserción (fig.4).

Veámoslos uno por uno. En este capítulo nos ocuparemos de estudiar la **petición** y los diferentes aspectos asociados a ella.

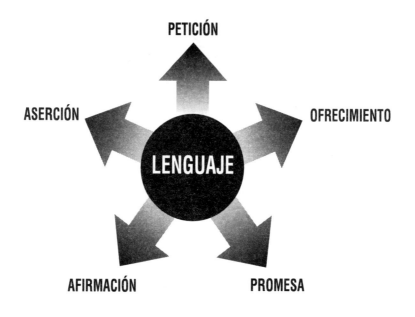

Figura 4

Cuando nos habituamos a pedirle cosas al Universo, vemos que Él nos atiende. No se trata sólo de las plegarias religiosas, cuando son dichas con fe (convicción), sino también de las peticiones en general que hacemos a otras personas, a empresas, etc.

Quien no consigue pedir con palabras, no tendrá **poder**, es decir, la habilidad de generar una acción en el Universo. El ladrón no pide porque sabe o piensa que de ese modo no obtendrá lo que quiere; entonces roba: su poder es negativo, destructivo.

Para que la petición sea aceptada y dé buenos resultados, es necesario aprender a crear un contexto favorable que aumente su poder.

* * *

Un breve ejercicio para que evalúe su poder personal:

Piense en una situación (vivida o imaginaria) en que usted le pide algo a alguien. Cierre los ojos un momento y visualice la escena, con la otra persona ante usted.

¿Ha conseguido visualizarla? Entonces, véala de nuevo en su mente, pero ahora salga de ella y observe a los dos interlocutores, usted y la otra persona. ¡Deje de leer por un momento y hágalo!

Imaginando la escena de este modo, conseguirá percibir el contexto. Si todavía no ha dejado la lectura para visualizar la escena, hágalo ahora, vale la pena. Este libro lo forman no sólo las palabras impresas en el papel, sino también las imágenes que se crean en su mente.

Bien. ¿Ha podido observar cómo se comporta usted cuando pide? ¿Cuál era su grado de convicción al pedir? ¿Cree en lo que pide y piensa que lo obtendrá? ¿Y la otra persona? ¿Cree en usted? ¿Cómo la preparó antes de hacer su petición? En este breve ejercicio usted ha sido por un momento el observador de sí mismo, que es una manera de aumentar su inteligencia interpersonal. No obstante, esto requiere práctica, paciencia y persistencia. Además, el contexto psicológico en el que realiza su petición es un elemento decisivo para desarrollar su poder personal.

* * *

De la misma manera que el marco de un cuadro puede cambiar la percepción que tengamos de él, también el **contexto psicológico** de una conversación puede influir decisivamente en sus resultados. El contexto psicológico crea o no un terreno favorable para la petición. El poder de su petición dependerá mucho del contexto previo. Hay varios factores que crean un contexto psicológico favorable para una petición (fig. 5).

La **reciprocidad** es uno de los factores con que contamos a la hora de crear un contexto favorable para el éxito de nuestra petición. En general, las personas se sienten obligadas a dar algo como retribución a quien les haya dado primero.

Si usted, por ejemplo, se encuentra en un bar de la playa de Copacabana y un niño pone sobre su mesa algunos cacahuetes, sin cobrarle ni decirle nada, usted rechaza la oferta y no toca los cacahuetes, o cede a la tentación y prueba uno, a sabiendas de que va a tener que comprar

Figura 5

28

una bolsa cuando el niño vuelva para ofrecérsela, aunque sólo haya comido un cacahuete.

A menudo, en los aeropuertos de Estados Unidos, los pasajeros que desembarcan, en cuanto llegan al vestíbulo, reciben flores de jóvenes Hare-Krishna. Bastantes son los que terminan por contribuir con algunos dólares, como retribución, aun cuando luego tiren las flores en la primera papelera, de donde serán recogidas por los mismos jóvenes para ofrecerlas otra vez.

En las transacciones profesionales de todo tipo, la ley de la reciprocidad es una constante, no siempre bien aplicada. Cócteles, exposiciones, invitaciones para comidas o cenas, flores y otros regalos son recursos que suelen utilizarse con elegancia y sentido común, como medios para lograr los resultados esperados.

Pero no siempre se crea un buen contexto de reciprocidad con los regalos. Los gestos de atención e información, las concesiones y los pequeños favores o servicios, a veces son más eficaces, en la medida en que establecen una relación de camaradería.

Tales gestos no deberían ser simplemente interesados. Tienen que ser, eso sí, los primeros pasos para la creación de una nueva relación de beneficios recíprocos, de la misma manera que ocurre en una relación amorosa. Por otro lado, toda relación positiva que se establece es, en cierta manera, una relación de amor.

Todo esto es válido también para las relaciones internacionales, y es un principio básico de la diplomacia. En 1985, México sufrió un violento terremoto y recibió la ayuda de varios países. Uno de los primeros en socorrerlo fue Etiopía. ¿Por qué razón? Porque en 1935 México apoyó a Etiopía cuando este país fue invadido por Italia.

¡Cincuenta años más tarde el sentimiento de reciprocidad todavía continuaba vivo!

Pero es necesario actuar con habilidad. Cuando alguien le agradezca algún gesto suyo, no responda con frases de este tipo: «No me cuesta nada»; «Eso forma parte de mi trabajo»; «Lo hago para todos los que lo necesitan». ¡Atención! Tales frases son ineficaces, pueden eliminar de la relación la reciprocidad. Hacen desaparecer el poder que usted ha creado. Aproveche el momento oportuno (la elección de este instante es fundamental) y diga la frase mágica que seguramente repercutirá durante mucho tiempo en la mente del oyente: **«Sé que usted haría lo mismo por mí».**

* * *

La **escasez** es el segundo factor en la creación de un contexto favorable. El principio es el siguiente: si los objetos de valor se vuelven escasos, su valor aumenta. Cuanto más difícil resulta obtenerlos, más caros y deseados son.

En un centro comercial de Estados Unidos se colocaron sobre una mesa dos cajas con galletas para ofrecerlas al público. Daba la impresión de tratarse de la promoción del producto, pero en realidad se trataba de una investigación sobre actitudes: una de las cajas permanecía casi llena, y la otra apenas con dos o tres galletas, como si se estuvieran acabando. «¿Cuál es la que sabe mejor?», preguntaban los encuestadores a cada persona que probaba las galletas. A la mayoría de la gente le gustaba más la galleta de la caja que que se estaba acabando. Cada hora, las cajas se intercambiaban de posición y los resultados se mantenían iguales. Un detalle importante: las dos cajas contenían el mismo tipo de galletas; la única diferencia era la aparente escasez de una de ellas.

En 1985, la Coca-Cola realizó una serie de investigaciones para sondear la preferencia del público entre el sabor tradicional del refresco y un nuevo sabor. En la primera etapa de las investigaciones, la gente desconocía en cuál de los dos vasos se encontraba el nuevo sabor y en cuál el antiguo. El 55 por ciento de las personas prefirieron el nuevo. Unos meses más tarde, en una segunda etapa de la investigación, la gente ya sabía en qué vaso estaba cada sabor. El 77 por ciento de las personas prefirieron el nuevo. De este modo, en 1985 los resultados de la investigación favorecieron el lanzamiento de New Coke en sustitución de la Coca-Cola tradicional. ¡Fue uno de los mayores fracasos de la historia del marketing! La reacción de los consumidores fue tan negativa que incluso hubo manifestaciones de protesta en todo el país, y la empresa no tuvo otra salida que dar marcha atrás, con pérdidas de millones de dólares, y lanzar nuevamente la Classic Coke. ¿Cuál fue la causa de este fracaso? Se olvidaron de la ley de la escasez. El nuevo sabor gustaba más porque era raro, pero al retirar del mercado el antiguo sabor, éste resultó ser el más valioso.

El amanecer sólo llega
después de que la noche haya pasado.
Todo tiene su momento justo.

En el intercambio de información, la ley de la escasez también cuenta: «Te diré algo que nadie sabe: es un secreto. No se lo digas a nadie». O también: «Te daré una información exclusiva, de primera mano». Comenzar de esta forma una conversación abre los oídos de nuestro interlocutor. Pero preste atención a la sintaxis, es decir, al orden en que se colocan las ideas cuando se habla: si usted primero cuenta algo y después explica que se trata de una información exclusiva y secreta, su importancia no será la misma.

El valor de la escasez puede aumentar cuando se le une la **rivalidad**. Este es el caso de las subastas. Cuanto más concurrida sea la subasta, más alto será el precio alcanzado.

Para que el hechizo no se vuelva contra el hechicero, la escasez debe ser auténtica. Si fuera mentira, lo que resultará escaso será la confianza de los demás en usted.

4

El contexto psicológico

Autoridad, confianza, consenso y compromiso

La **autoridad** es un factor que también ayuda a crear un contexto favorable. Si usted demuestra profesionalidad, conocimiento sobre el tema, unos buenos antecedentes (experiencias anteriores, clientela de prestigio, un buen currículum), experiencia y credibilidad, logrará crear un aura de autoridad a su alrededor que le dará poder en cualquier petición que haga.

No confunda la autoridad con la prepotencia o la arrogancia. La verdadera autoridad no se consigue por la fuerza ni a través de argumentos del tipo: «¿Usted sabe con quién está hablando?». Admitir un error o una debilidad personal es mucho más provechoso para su aura de autoridad que mantener una postura autoritaria.

Cerca de la autoridad se encuentra el territorio de la **confianza**, que está formado por tres factores (fig. 6).

¿Qué es lo que usted dice y qué es lo que piensa? ¿Lo que usted dice en público es lo mismo que dice en priva-

Figura 6

do? ¿Es capaz de decirle a un amigo o a un cliente lo mismo que dice de él a terceros? Si todo lo que usted dice es coherente en las diferentes situaciones de su vida cotidiana, tendrá a su favor la fuerza de la **sinceridad**.

Cuando usted hace lo que sabe y le gusta hacer (si le gusta pero no sabe, aprenda con ahínco hasta saber y le gustará más todavía), genera una acción de forma correcta y productiva, y el Universo se lo retribuirá con el aura de la **competencia**. La forma de comunicarse de la persona que es reconocida como competente adquiere un poder especial, porque su actuación en el mundo despierta confianza. Es importante que se entienda que la competencia depende fundamentalmente del modelo establecido. Por

34

ejemplo: una secretaria competente puede convertirse, de la noche a la mañana, en incompetente si en su sitio de trabajo, donde se usaba una máquina de escribir, de repente deciden sustituirla por un ordenador y ella no sabe nada de informática.

Su **historia anterior** es el tercer factor de la confianza. Su manera de actuar en la vida (sobre todo en cuanto a la sinceridad y la competencia) ayudará a que los demás confíen en usted. Si ha vivido experiencias negativas en el pasado, intente recrearlas de forma positiva, solucionando todo lo que no haya conseguido resolver y sacando a la luz los conflictos que ha ido dejando en el camino. Usted no necesita contar a los demás los problemas que haya tenido en el pasado. Viva siempre aquí y ahora. Intente corregir (en su mente y en la medida de lo posible en el mundo físico) los viejos errores, porque aunque los mantenga en secreto, manchan su «aura», y pueden ser intuidos por los demás y afectar a su credibilidad.

La confianza debe ser recíproca en cualquier tipo de relación, ya sea afectiva, profesional o financiera. No se engañe intentando compensar la falta de confianza con contratos detallados. No existe contrato que no se pueda burlar. La preocupación por no dejarse engañar significa un derroche de energía y una vibración negativa. Siempre será mejor que haga cualquier clase de transacciones o contratos con personas que sean de su agrado y cuando exista una confianza recíproca.

Al juzgar la confianza que le inspira otra persona, no sea demasiado rígido. Todo el mundo merece la oportunidad de aprender y mejorar. Si esa persona presenta problemas en alguna área, pero tiene aspectos favorables en otra, intente que lo positivo penetre en lo negativo para ayudarla a transformarse. No confunda la confianza con la ingenuidad. Si la confianza no puede ser total, compórtese con **prudencia**. Siendo prudente, cambiará su comportamiento en un sentido positivo y abrirá otra ventana hacia el futuro. El Universo sabrá retribuirle.

La confianza y el agrado van juntos. Por lo general nos gustan aquellas personas que se parecen a nosotros. Por lo tanto, siempre que le sea posible, cree un ambiente amistoso. Vaya con calma, observe los límites del otro, no se comporte de manera informal si la otra persona es formal, y no actúe con formalidad si el otro es informal. Preste atención a la interrelación y ponga más afecto en sus actitudes. Elogie y coopere. **Hágase querer queriendo.**

* * *

El **consenso** es otro factor que influye en la creación de un contexto favorable para el éxito de su acción comunicativa.

Somos animales sociales, y por lo tanto, dependemos del consenso de los demás para que nos ayude a acertar en las decisiones que nos afectan a todos. El sistema democrático se basa en la idea de un gobierno que expresa el pensamiento de la mayoría.

Si usted quiere convertirse en un buen comunicador, en cualquier ambiente donde se encuentre, procure observar antes de hablar. ¿Qué clase de conversación se produce en ese ambiente? ¿Cuál es el tipo de lenguaje que las personas utilizan? ¿Cómo son las creencias y los intereses de esas personas? Cuanto más sintonice su lenguaje con el de los demás, mejor se le recibirá.

*El poder es la capacidad
de generar acción.
Cuanto mayor sea su capacidad de pedir,
mayor será su poder.*

Eso no significa estar de acuerdo con todo y dejar las cosas tal como están. Aun en el caso de un cambio de paradigma, primero es preciso hablar la lengua vigente, aunque sólo sea para transformarla inmediatamente.

Un grupo de personas constituye una entidad propia, diferente de la suma de cada una de ellas. Así las actitudes de un grupo son diferentes de las actitudes de los individuos que lo componen. En medio de una multitud, el individuo es capaz de hacer cosas que jamás haría solo. Recuerde este fenómeno cada vez que necesite intervenir en cualquier grupo de personas.

Sea cual fuere el poder que usted tenga, si intenta luchar contra la cultura, perderá. Primero trate de entender cómo es el ambiente, para luego actuar sobre él.

En el momento en que muchos cerebros empiezan a pensar de otra manera, la realidad cambia. En antropología es famosa la «Teoría de los cien macacos»: un grupo de antropólogos, después de varios años de investigaciones en unas lejanas islas del Pacífico, observaron que en una pequeña isla el alimento para los macacos escaseaba. Uno de ellos, hambriento, accidentalmente desenterró un boniato, lo lavó en el agua de un arroyo y se lo comió; fue algo insólito, ya que nunca antes estos monos habían comido boniatos. Otros macacos, también hambrientos, hicieron lo mismo. ¡Llegó un momento (tal vez cuando por lo menos cien monos habían hecho lo mismo) que en todas las islas del Pacífico, simultáneamente, los macacos comenzaron a desenterrar y comer boniatos!

El conjunto de cerebros de una nación no necesita siquiera exteriorizarse a través del lenguaje para llegar a algunos consensos. Si la mayoría cree, por ejemplo, que la inflación aumentará o que comienza la recesión, de todas maneras e independientemente de las medidas del gobierno o de los economistas, eso acabará sucediendo. En esos momentos, la comunicación es tan vital para la economía de un país como lo es para las ciencias económicas. **Lo que vemos depende mucho de lo que creemos**.

* * *

Otro factor que influye en la creación del contexto es el **compromiso**. Intente que sus interlocutores se sientan comprometidos, de alguna manera, con usted. Pero no fuerce ninguna situación. Sea sutil. Empiece por un compromiso mínimo, simbólico, y éste se irá ampliando con el transcurso del tiempo.

Usted probablemente ya se habrá topado con alguien que presionándolo –o prometiéndole algo a cambio– consiguió que se comprometiera en alguna cosa en la que no estaba interesado. Seguramente después de aquello usted trató de evitar a dicha persona, ¿verdad? Por ello, el comportamiento debe ser moldeado con mucha sutileza; si no «el hechizo se vuelve contra el hechicero».

«¿Qué puntuación daría, de uno a diez, a los caballos de la próxima carrera?» Se hizo esta pregunta a un grupo de personas en un hipódromo antes de que realizaran sus apuestas. Después de haber apostado y, obviamente, antes de la carrera, todas las personas fueron encuestadas por

Figura 7

segunda vez, por otros investigadores, para que volviesen a dar sus puntuaciones. Se verificó que la puntuación del caballo escogido aumentaba después de haber hecho la apuesta. El motivo es simple: el apostante ya se había **comprometido** con aquel caballo.

En Estados Unidos, la Sociedad de Prevención del Cáncer distribuyó, hace algunos años, una pequeña insignia alusiva a la lucha contra esta enfermedad. Meses más tarde, hubo una campaña de recogida de donativos dirigida a costear sus actividades. Las personas que habían recibido

39

y usado la insignia en la solapa contribuyeron en una proporción mucho mayor que las demás.

En publicidad, son frecuentes los concursos de frases sobre un determinado producto. Imagine uno de estos concursos, en el que los participantes de un sorteo deben escribir en un cupón las cualidades del jabón de tocador Sabará. Supongamos que participan veinticinco mil personas: al llenar el cupón, se **comprometen** por escrito y firman abajo. Pueden llegar a olvidarse de ello algunos años después, pero su inconsciente recordará siempre que el mejor jabón de tocador es Sabará.

Intente crear el contexto psicológico adecuado con el mayor número posible de estos principios en cada ocasión, ya que usados en conjunto tienen mucho más poder que la suma de cada uno individualmente. **El todo es mayor que la suma de sus partes.**

5

Ofrecimiento y compromiso

Usted es su palabra

Ofrecer es otro acto básico de la comunicación, porque significa compartir con otra persona (y con el Universo) algo que es suyo y que está bajo su cuidado. Y **comunicarse es tener en común y compartir** con los demás (y con el Universo) ideas, sentimientos o acciones. ¡Comunicar es generar acción en común!

Un ofrecimiento, una vez que es aceptado por otra persona, se convierte en una promesa. Por lo tanto, ofrecer significa que usted está dispuesto a comprometerse en hacer algo por alguien.

Hasta ahora he hablado del ofrecimiento como parte de una petición. Es el caso de la ley de reciprocidad, en donde el ofrecimiento va antes que nada. La persona inteligente da primero, y más tarde recibe el doble o mucho más.

Cuando el ofrecimiento se combina con la petición pero se concreta después, se trata de una **promesa**. La promesa constituye otro acto básico del lenguaje y se produce cuando el ofrecimiento de una persona es aceptado por otra.

Las promesas son frecuentes en el mundo físico (una compra a plazos es una promesa), en el plano personal (yo «me prometo a mí mismo que no actuaré nunca más de este modo»), en el plano sentimental («prometo casarme contigo») y en el plano religioso. Hacer una promesa al Universo es eficaz en la medida en que la persona se empeña activamente, con toda su fuerza interior, en dar solución a un determinado problema. Cuando usted promete, es su «palabra» la que está en juego. A partir del momento en que su esencia se manifiesta lingüísticamente en este Universo, su palabra es usted. Si usted hace una promesa y luego no la cumple, no sólo decepcionará a los demás, también se decepcionará a sí mismo.

* * *

El ofrecimiento, no obstante, muchas veces no se encuentra vinculado a ninguna petición, y en tal caso tiene mucho más poder todavía. El Universo retribuye con generosidad los ofrecimientos incondicionales y desinteresados, porque en ellos se reproduce con más intensidad la energía que está en la base de todo: el amor.

Pero recuerde que usted no puede ofrecer algo que no posee. Dar más de lo que se puede dar no es ser generoso, sino ser inconsecuente, y la inconsecuencia puede generar un desequilibrio y un derroche de energía. Velar por lo que posee es un deber que usted tiene en esta vida, y quererse a sí mismo es primordial para desarrollar el amor por el mundo que le rodea.

Usted no puede ofrecer
lo que no tiene.

Como ya he dicho, el lenguaje no se usa para describir la realidad. El lenguaje crea realidad. Uno de los actos lingüísticos más poderosos para crear realidad es la **afirmación** (el acto de afirmar). Una afirmación o declaración, cuando la pronuncia alguien que tiene la autoridad para hacerla, crea una realidad en el momento en que es expresada. Por ejemplo: si usted va con su novia (o su novio) ante el juez para que los declare marido y mujer, aunque se arrepienta treinta segundos más tarde, ya estará casado. La declaración del juez ha creado una nueva realidad en el Universo: el matrimonio entre usted y su pareja. Ahora imagine que esta declaración la hubiese hecho su vecino, que no es juez. ¿Estaría usted casado de acuerdo con las leyes? Claro que no, porque su vecino no tiene la **autoridad** reconocida por la sociedad para hacerlo. De la misma manera que el juez tiene autoridad para casar o divorciar, y el presidente de la nación la tiene para declarar la guerra, usted tiene autoridad para hacer afirmaciones sobre su vida, como por ejemplo: «**Soy** un buen comunicador. **Hago** todo lo que los buenos comunicadores hacen y **tengo** el don de la comunicación».

Una afirmación bien hecha, con la conformidad de todo su ser, transforma el paradigma de **ver para creer** en **creer para ver**. Cuanta más autoridad tenga su afirmación y cuanto más concreta sea, mayor será su **poder de generar acción**. Cuando usted genera acción, ¡tiene el Universo a su favor!

Somos animales lingüísticos. El lenguaje crea nuestra

realidad, y puede o no generar acción. La afirmación (el acto de afirmar) genera acción transformando la realidad presente.

Una afirmación es clasificada como tal cuando se hace en presente y en términos positivos. Por ejemplo: «Soy una persona próspera». En cambio, «Seré rico» o «No soy pobre», son ejemplos de afirmaciones falsas.

La mayor parte de los seres humanos tiene la ilusión de que el Universo funciona de la siguiente manera: **tener-**

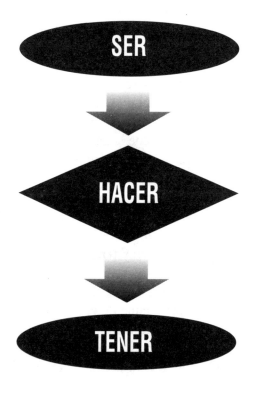

Figura 8

hacer-ser. Muchos de ellos intentan crear realidad con frases como ésta: «Si tuviera dinero, haría lo que hace la gente rica y entonces sería rico». En realidad es exactamente lo opuesto: **ser-hacer-tener** (fig. 8). «Soy una persona próspera, hago lo que la gente rica hace y tengo lo que los ricos tienen.»

6

Aserción y evaluación

El mapa no es el territorio

«¿Es el universo un lugar amistoso?» Esta fue la última pregunta que Albert Einstein nos dejó para que reflexionáramos. Él pensaba que sí lo era.

En nuestra comunicación con el Universo, nuestro estado mental es decisivo. Si usted está convencido de que el Universo es amistoso, será amistoso. Si en cambio tiene la convicción de que es peligroso, será peligroso. Quien está convencido de que el mundo es peligroso, puede contratar guardaespaldas, instalar todo tipo de cerraduras, ir armado, usar chaleco a prueba de balas y, aun así, el peligro aumentará cada vez más. Es lo que él ha elegido.

Como ya he dicho, el lenguaje crea realidades. Es necesario que tengamos cuidado con nuestra manera de percibir e interpretar los hechos, para no crearnos realidades negativas que nos perjudicarían en primer lugar a nosotros mismos.

El doctor Humberto Maturana, de la Universidad de

Chile, propone en sus «intuiciones» lingüísticas una distinción entre **aserción** y **evaluación**. La aserción o afirmación sobre un determinado hecho puede ser **verdadera** o **falsa**, dependiendo de la aceptación o no de las evidencias. Por ejemplo: las páginas de este libro son de papel. Si usted acepta la evidencia presentada, considerará esta aserción como verdadera. En cambio, la evaluación no tiene que ver con la verdad o la falsedad, sino con la **validez** o la falta de ella. Si el juicio es una deducción lógica, es válido, pero eso no significa que sea real. No obstante, una evaluación, una vez que es aceptada, pasa a formar parte de la realidad. Por ejemplo: «Ayer vi a José cabizbajo, llorando y lamentándose de su vida. Mi evaluación es que está deprimido y necesita una ayuda profesional».

Cuando acontece algo y lo explicamos, **la explicación sustituye al hecho**, porque es lenguaje, mientras que el hecho no lo es, y al final nadie recuerda el fenómeno en sí, sino sólo la explicación que se dio sobre él. Y esa explicación, que es una evaluación que hacemos del hecho, se juzgará como verdadera, aunque muchas veces no lo sea. Este es el mecanismo del chismorreo: una evaluación se propaga como verdadera (por ejemplo: «Ayer por la noche tal persona estaba deprimida») y se van añadiendo nuevos detalles para dar forma de hecho a un juicio malicioso. **Quien cuenta una historia, añade algo**: cada uno agrega a la historia sus propios deseos reprimidos y la transmite para que continúe circulando como verdad.

* * *

- **¿Cuál es la evaluación que usted hace de sí mismo?**
- ¿Cuáles son los juicios negativos que hace de usted mismo?
- ¿Y cuáles son los positivos?

Antes de continuar leyendo, reflexione un poco y responda mentalmente a estas preguntas. La evaluación que usted haga de su persona forma parte de su previsión con respecto a lo que conseguirá en el futuro.

¿Ya ha contestado? Bien, ahora estamos hablando de la comunicación **intrapersonal**, que es la conversación que usted mantiene consigo mismo, el diálogo interior. Usted tiene una voz en el interior de su cerebro que traduce para su mente lo que yo he escrito en este libro, y que a cada momento le hace comentarios sobre todo lo que sucede, ¿verdad?

Esa voz de su pensamiento consciente tiene una completa intimidad con usted, y le puede decir cosas que usted jamás les diría a los demás. Esa voz es usted, en su comunicación intrapersonal.

La realidad que usted
experimenta es su realidad.
El mapa no es el territorio.

Cuando usted tiene una conversación consigo mismo sobre su persona, esa conversación le acompaña vaya donde vaya. Entonces, si usted tiene un juicio negativo sobre cualquier aspecto de sí mismo, con pensamientos de este tipo: «No soy bueno para los deportes»; «No tengo suerte en el amor» o «Mi destino es ser pobre», ese juicio va a seguirlo aunque cambie de país, de profesión, de religión, de pareja o de lo que sea. Y todo continuará sucediendo de la misma forma.

¿Sabe por qué? Porque **todo lo que ocurre en el Universo físico ha ocurrido antes en su mente**. Toda evaluación que usted hace sobre su persona es una predicción (un pronóstico) de su comportamiento que usted realiza para sí mismo.

Por lo tanto, usted tiene un **pensamiento** que genera en

Figura 9

su cerebro un **sentimiento** (estado mental) que a su vez genera en usted un **comportamiento** (figura 9). Esto funciona en los dos sentidos. Es decir, su comportamiento genera sentimientos que generan pensamientos. Eso significa que usted puede cambiar a partir de su comportamiento (tomando actitudes más positivas, tratando de hacer cosas que se creía incapaz de hacer) o a partir de su pensamiento, ya que el dueño de esa voz interior («el presidente de la compañía») es usted.

* * *

Uno de los primeros pasos para lograr que su comunicación (intrapersonal e interpersonal) sea más positiva es aprender a **pensar sin juzgar**, a observar los hechos sin emitir juicios ni hacer evaluaciones. Esto puede ayudarle a percibir las cosas con la mente abierta y a cambiar su visión del mundo.

«Pero, ¿y mi opinión?», preguntará su voz interior. Si la opinión es suya, ¿por qué le resulta tan difícil cambiarla? Porque no es usted quien tiene opiniones; **son las opiniones las que lo tienen a usted**.

Si juzga menos, aprenderá a ser un mejor observador, tanto de los hechos y de las demás personas como también de sí mismo. Sea un observador imparcial de su pasado y de su presente. Cuando se observe, evite emitir cualquier juicio o atribuirse culpas o disculpas, y de este modo logrará mejorar como persona y comunicarse mejor con el mundo.

Las **emociones** conviven con las **interpretaciones** (figura 10) y también pueden ser decisivas en nuestra manera de vivir. Preste atención al siguiente ejemplo: un matrimo-

Figura 10

nio de mediana edad sufrió un accidente aéreo en Estados Unidos. Tuvieron que pasar un tiempo en el hospital, pero sobrevivieron. Tres años después del accidente, el marido, que era obeso y llevaba una vida sedentaria, se había vuelto más ágil y delgado, practicaba deportes y paseaba, y se había transformado en una persona más alegre y dinámica.

En cambio, su mujer había caído en una profunda depresión y no salía de casa. ¿Por qué las reacciones de ambos ante el mismo hecho fueron tan diferentes? Porque sus respectivas **interpretaciones** fueron distintas. Él interpretó positivamente lo ocurrido («¡Qué suerte que tengo, sobreviví, nací de nuevo!»), mientras que ella interpretó los hechos de forma negativa («¡Qué mala suerte, casi me muero, es muy peligroso salir de casa!»).

¿Cuál de estas dos interpretaciones elegiría usted? Si hace una interpretación negativa de los hechos de su pasado, no se lamente de la vida que lleva hoy, porque fue usted quien escribió el guión. ¿Por qué no intenta recrear positivamente su presencia en el mundo? Si lo hace, conseguirá comunicarse de un modo más amistoso con el Universo, y viceversa.

7

Los ojos, ventanas del alma

¿Manipular o influir?

Cuando usted se comunica con otra persona, todo su cuerpo habla. Fíjese en sus gestos durante una conversación. Intente percibir su tono de voz, sus movimientos, sus sentimientos. Son factores que, como ya hemos visto, van mucho más allá de las meras palabras. Pero no basta con observarse a uno mismo: también es fundamental observar a nuestro interlocutor y ver en él algo más que las palabras.

¿Sabe cuál es el mejor punto para fijar nuestra vista mientras conversamos? Los ojos de la otra persona. Dicen que los ojos son las ventanas del alma, y es cierto. Saber observar los ojos de la persona con quien conversamos es de hecho una manera de leer sus pensamientos.

¿Sabe que nuestros ojos se mueven cuando hablamos, cuando pensamos y hasta cuando soñamos? Los estudios neurolingüísticos sobre el movimiento de los ojos pueden contribuir no sólo a mejorar nuestra comunicación para ejercer una mayor influencia en los demás, sino también a aumentar nuestra capacidad intelectual. «¿Pero cómo? –tal vez se pregunte su voz interior–. ¿Cómo es posible aumentar la inteligencia con el movimiento de los ojos?» Lea atentamente y practique; después vea los resultados.

LOS OJOS SON LAS VENTANAS DEL ALMA

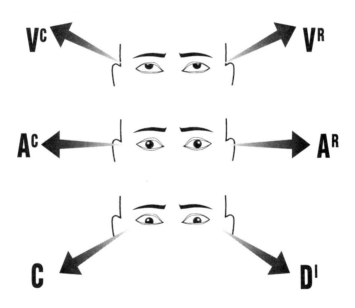

V: campo visual; A: campo auditivo; C: campo cinestésico;
^{c}: construido; ^{R}: recordado; D^{I}: diálogo interno

Figura 11

Movemos los ojos en varias direcciones, y cada una de ellas desencadena un proceso diferente en nuestro cerebro (fig. 11).

Como ya se vio en el libro **El éxito no llega por casualidad,** si miramos hacia arriba nuestra mente está trabajando con imágenes. Es el componente **visual** de nuestro pensamiento. Cuando miramos hacia arriba y a la derecha, estamos creando imágenes. Usted podrá darse cuenta de que su interlocutor está mintiendo o inventando una excusa si mira en esa dirección en el momento en que le formula una pregunta cuya respuesta debería saber, pero que no sabe. Cuando miramos hacia arriba y a la izquierda, el cerebro está recordando imágenes, se activa su memoria visual. ¿Recuerda el color de la camisa que usó anteayer?

Desde el punto de vista de la neurofisiología, no podemos construir imágenes en nuestro cerebro sin que los ojos miren hacia arriba. Esto también es válido para las operaciones matemáticas y para el pensamiento abstracto en general. Por ejemplo, cuando hacemos una multiplicación, debemos crear visualmente los números; pruebe a hacerlo con los ojos mirando hacia arriba y a la derecha, y le resultará más fácil hacer los cálculos.

Cuando movemos los ojos horizontalmente, abrimos nuestro canal **auditivo.** Si miramos hacia la derecha, nuestro cerebro tiene más facilidad para crear sonidos. Si miramos horizontalmente a la izquierda, estamos memorizando sonidos: intente recordar una antigua melodía, o el nombre de alguna persona, haciendo este movimiento con los ojos. ¿Quiere decir esto que nuestra memoria mejora si miramos hacia determinado lugar? Sí. Muchas veces una persona no tiene buena memoria porque no mira en la dirección correcta.

El movimiento de los ojos hacia abajo tiene efectos completamente diferentes dependiendo de la dirección hacia donde se mire, si a la derecha o a la izquierda. Al moverlos hacia abajo y a la izquierda, activamos el diálogo interior, es decir, conversamos con nosotros mismos, ¡y utilizando palabras! Si miramos hacia abajo y a la derecha, significa que tomamos conciencia de nuestro cuerpo (propia percepción) y también que experimentamos las emociones en el cerebro. Esto y las sensaciones olfativo-gustativas se denominan actividades **cinestésicas**.

Las sensaciones olfativo-gustativas se producen cuando los ojos miran hacia abajo y hacia el centro (mirándose la punta de la nariz). Observe a un catador de vino y verá cómo eso es lo que ocurre.

Una pequeña observación antes de continuar: las posiciones de los ojos hacia la derecha o hacia la izquierda, mencionadas anteriormente, pueden variar en las personas zurdas, aunque son válidas para el 96 por ciento de la gente, incluso para la mayoría de los zurdos. La explicación es la siguiente: cerca del 90 por ciento de las personas son diestras y tan sólo el 10 por ciento son zurdas. En la mayoría de estas últimas, los hemisferios cerebrales, derecho e izquierdo, funcionan en la misma posición que en las personas diestras. Apenas un 4 por ciento de la gente es «zurda» también en el cerebro. Menos del 1 por ciento de las personas diestras son «zurdas» en el cerebro, y por lo tanto, tienen las posiciones de recordar y crear invertidas.

* * *

Todos somos al mismo tiempo visuales, auditivos y cinestésicos, pero en cada persona existe, generalmente, una preponderancia de uno de estos tres tipos de lenguaje. En situaciones de estrés, se hace más patente este predominio porque el cerebro necesita anclarse en lo que funciona mejor con menos esfuerzo.

Un buen comunicador ha de dominar los tres tipos de lenguaje (visual, auditivo y cinestésico) para poder comunicarse con personas diferentes. Por ejemplo, para mantener la atención de una platea, es necesario gesticular, variar el tono de voz, moverse por la sala, aproximarse a las personas, utilizar recursos audiovisuales, todo lo que esté al alcance de la mano para comunicarse sin dificultades con los tres tipos de personas.

Procure observar la conversación entre una persona cinestésica y otra visual: la primera tenderá a aproximarse, a tocar, mientras que la otra se alejará para ver, ya que de esa manera se siente más a gusto. Cada vez que una se aproxima, la otra se aleja. A veces, una conversación de este tipo comienza en un rincón de la sala y acaba en otro.

Si en clase un niño mira hacia arriba cuando la profesora le formula una pregunta, seguramente ese niño es visual. Su mente utilizará ese recurso a menudo. En el caso de que la profesora reprenda al niño cada vez que eso sucede, él puede desistir de pensar y convertirse en un mediocre. Hechos como éste son muy comunes. Muchas veces se escucha hablar de las dificultades de los alumnos para aprender, cuando casi siempre se trata de la dificultad del profesor para enseñar. Conocimientos tan simples como los presentados en este libro resultarán muy valiosos cuando se apliquen en las escuelas. **Aprender a aprender** es mucho más importante que cualquier asignatura que se aprenda en el colegio.

Con el movimiento de los ojos podrá desarrollar estrategias intelectuales que le permitirán alcanzar la excelencia en muchas de sus actividades personales y profesionales.

* * *

En California, en 1975, un matemático y analista de sistemas, Richard Bandler, y un lingüista, John Grinder, recibieron una beca del Instituto Nacional de la Salud (NIH) de Estados Unidos y comenzaron a trabajar juntos con el objetivo de responder a la siguiente pregunta: «¿Funciona realmente la psicoterapia?». En la primera etapa de la investigación entrevistaron a varios terapeutas, de corrientes diversas, entre los cuales seleccionaron a tres (Fritz Perls, Milton Erickson y Virginia Satir) que habían logrado magníficos resultados con sus pacientes. Mediante anuncios en los periódicos, reclutaron a algunas personas con diversas clases de fobias, y las enviaron a los tres terapeutas, que consiguieron curarlas de inmediato. Los investigadores anotaron las técnicas utilizadas, que parecían diferentes en cada terapeuta, y las probaron con otros pacientes exactamente como los terapeutas les habían enseñado, pero no obtuvieron resultados positivos con ninguna de ellas.

¿Por qué fracasaron? Los dos investigadores reflexionaron y llegaron a la siguiente hipótesis: tal vez lo que realmente funcionaba no tenía nada que ver con las técnicas de los terapeutas, sino con otros detalles de la comunicación entre ellos y sus pacientes. ¡Algunos detalles tan sutiles que ni siquiera los mismos terapeutas que los utilizaban eran conscientes de ellos!

Con esa hipótesis en mente, los dos investigadores grabaron un vídeo de las sesiones de terapia y procuraron registrar los mínimos detalles (pequeños gestos, inflexiones de la voz, etc.) del comportamiento de los terapeutas con sus pacientes. Llegaron a observar una serie de actitudes comunes a los tres terapeutas. Una vez que obtuvieron esos «denominadores comunes» mediante el uso del vídeo, consiguieron reproducir los resultados positivos de los terapeutas. De este modo nació una nueva disciplina, la **PNL (Programación Neurolingüística).*** Aplicando este razonamiento al área de la comunicación, realizaron la misma investigación con varios buenos comunicadores y detectaron los «denominadores comunes» de una comunicación eficaz. A partir de ese momento buscaron explicar esas técnicas desde un punto de vista neurofisiológico, y así la programación neurolingüística fue desarrollándose como disciplina. En este libro presento algunas de las técnicas que descubrieron. Se trata de una nueva disciplina que ha ido de la práctica a la teoría, y ha sido verificada por los más recientes conocimientos científicos. Sus resultados son tan sorprendentes que a veces da la impresión de tratarse de magia, pero **toda nueva técnica, cuando se aplica, parece mágica.**

* * *

Algunas de las técnicas utilizadas por aquellos terapeutas y por los comunicadores investigados tenían que ver con el movimiento de los ojos. Recuerde lo que dije antes. Si los ojos miran hacia arriba, estamos activando nuestra inteligencia visual. Si la persona con quien estoy conversando acostumbra a mirar hacia arriba, y yo muevo mi brazo tam-

---

* Véase la obra *Introducción a la programación neurolingüística*, de Joseph O'Connor y John Seymour (Urano, Barcelona, 1992) [*N. del E.*]

bién hacia arriba y le pregunto: «¿*Ves* lo que te estoy diciendo?», como la persona estaba activando justamente su sensibilidad visual, mi frase llamará su atención con gran eficacia. En cambio, si la persona está mirando hacia abajo y a la derecha, yo gesticulo con mis manos hacia abajo y a la izquierda (imagen en espejo) y le pregunto: «¿Cómo te *sientes* con respecto a lo que te he dicho?», de este modo estaré estimulando su inteligencia cinestésica.

**Toda técnica muy compleja,
cuando se aplica,
parece mágica.**

¿Demasiado simple? Sí, realmente lo es. Pero no es fácil: se requiere una larga práctica y una aguda sensibilidad para actuar con naturalidad. Es como aprender a conducir: al principio aquellos tres pedales no hacen más que confundirnos, pero acabamos conduciendo sin siquiera acordarnos de ellos, porque ya hemos asimilado la técnica. Puedo asegurar que los resultados son de hecho sorprendentes. ¡El poder de nuestra manera de comunicarnos para influir en los demás es verdaderamente notable!

«Ah, pero eso es manipular a las personas», piensan algunos cuando tienen conocimiento de estas técnicas. No es nada de eso. Quien piensa de esta manera confunde manipulación con influencia, que son cosas completamente diferentes. Cuando se manipula a alguien, uno gana y otro pierde: el resultado sólo es ventajoso para quien convence. Pero cuando se practica el poder de la influencia el resultado es beneficioso para las dos personas, porque ambas consiguen comunicarse mejor. Aprender estas técnicas para mejorar la comunicación es como aprender japonés antes de viajar al Japón. ¿Eso es querer manipular a los japoneses? ¡Por supuesto que no! Es hablar la lengua de otra persona, sea ésta visual, auditiva o cinestésica. Es comunicarse.

Las técnicas que se ofrecen en este libro son instrumentos para poder comunicarse mejor. Un cuchillo, por ejemplo, es un instrumento que se puede utilizar para untar la mantequilla en el pan, pero también para matar a otra persona. Eso no hace que el cuchillo sea bueno o malo. Un cuchillo es un cuchillo. Una técnica es una técnica. Es usted quien decidirá darle un uso constructivo o destructivo. ¡La elección continúa siendo suya!

8

Los secretos del buen comunicador

Aprenda con los maestros

Si observamos a dos personas sentadas a la mesa de un bar (como las de la figura 12), aun sin escuchar lo que dicen, podemos percibir cómo es la comunicación entre ellas solamente fijándonos en su postura corporal (fisiología).

¿Sabe usted lo que es el *rapport*? Es estar en sintonía con alguien. Es entrar en el mundo de otra persona y establecer con ella una comunicación plena, una conexión perfecta. Cuando la conversación es amena, no nos damos cuenta del tiempo que pasa. Lo que sucede a nuestro alrededor está en un segundo plano, porque toda nuestra atención está dirigida a comunicarnos con esa persona. ¡Todo lo demás se vuelve transparente!

El *rapport* es encontrarnos con otra persona donde ella está. Es decirle, verbalmente o no: «Soy igual que tú. Puedes confiar en mí».

Lingüísticamente podemos encontrarnos con otra persona donde ella está utilizando el mismo vocabulario que ella

65

Figura 12

y usando palabras que coincidan con el canal predominante de su percepción. Como ya vimos en el capítulo anterior, si ella se vale más del canal visual, usted puede decirle: «¿*Ves* lo que te estoy diciendo?». Si usa más el canal auditivo, dígale: «¿Cómo te *suena* esto?». Si es más cinestésica (mira hacia abajo y habla pausadamente), usted le puede decir: «¿Cómo te *sientes* con respecto a esto?».

Podemos establecer el *rapport* con el significado de las palabras y la manera de pronunciarlas. Si la persona habla despacio, usted hable también lentamente (al menos durante los primeros cuatro minutos de la conversación). Si ella habla rápido, usted hable más deprisa todavía.

Y finalmente, lo más importante es la fisiología, es decir, tomar una postura corporal similar a la de la persona con la que estamos conversando, como en un espejo. Si ella tiene los brazos cruzados, crúcelos usted también durante un rato. Si gesticula mucho, intente gesticular un poco más que ella.

Otra técnica poderosísima, aunque más difícil, es respirar al mismo ritmo que la otra persona.

* * *

La razón por la cual nos damos cuenta de que hay una atmósfera favorable cuando dos personas se comunican, es que notamos una **simetría corporal** (de espejo) entre ellas. Esto pertenece al campo de la fisiología, que tiene más poder que la palabra para lograr una comunicación eficaz, como vimos en el capítulo 1.

La importancia de la simetría corporal fue constatada incluso en investigaciones sobre la telepatía realizadas en Rusia. Dos personas que se encontraban en habitaciones diferentes, intentando transmitirse mensajes telepáticamente, conseguían mejores resultados justo en los momentos en que sus posturas corporales eran idénticas. ¡Si ello sucede hasta en la comunicación a distancia, imagine lo que ocurrirá en una conversación cara a cara!

La comunicación es como una danza. Cuando las dos personas adoptan la misma postura, comienzan a pensar de la misma forma, y la sintonía es absoluta. Usted no sabe quién está dirigiendo a quién. La música es una sola.

Realice usted mismo la experiencia: cuando esté conversando con alguien, tome la misma postura física que el otro, o al menos una que sea semejante. Si el otro cambia de postura, cambie usted también, pero hágalo con naturalidad, para que la otra persona no lo perciba de forma consciente. En un nivel inconsciente, el otro lo verá como si estuviese viendo su propia imagen ante un espejo y así usted le inspirará más confianza. La comunicación podrá establecerse plenamente, porque usted y esa persona sintonizarán en la misma frecuencia.

La postura corporal
habla más alto que la voz.

¿Parece demasiado simple? Es simple, pero no es fácil. Sin embargo, cualquier persona es capaz de adquirir esta habilidad, con un poco de práctica y sensibilidad. Los resultados de esta técnica son impresionantes.

* * *

Además de la palabra y de la fisiología, el otro elemento de la comunicación con poder de influencia es el **tono de voz**, como ya hemos visto. Veamos un buen ejemplo de ello:

En Estados Unidos, los especialistas en *telemarketing* (ventas por teléfono) notaron que una conversación produce mejores resultados cuando las dos personas hablan a la misma velocidad. Entre los diversos estados norteamericanos existen grandes diferencias de tono de voz y velocidad para hablar: un tejano, por ejemplo, habla mucho más rápido que un neoyorkino. Las empresas de ventas por teléfono adoptaron entonces la siguiente técnica: sus vendedores empezaron a hablar a la misma velocidad que la persona que atendía el teléfono, pero las palabras (los argumentos para vender) eran siempre las mismas. El resultado fue un aumento de las ventas de más del 30 por ciento, sólo cambiando la velocidad del habla.

Es importante que recuerde que debe utilizar el sentido común cuando aplique estas técnicas. En lo que se refiere a la fisiología o al tono de voz, algunas cosas no pueden ser imitadas: por ejemplo, si la otra persona es tartamuda, o tiene un tic nervioso, etc. Y, obviamente, tampoco intente imitar un acento diferente del suyo.

Una vez que se haya establecido el *rapport*, lo cual sucede al cabo de tres o cuatro minutos, usted estará en condiciones de liderar la comunicación y, en consecuencia, su interlocutor lo seguirá.

Imagine que conduce por una carretera, cerca de otro coche. Usted decide acelerar para sacárselo de encima. Pero ocurre que el otro conductor también acelera. Si usted disminuye la velocidad, él también la reduce. Aunque lo parezca, no lo hace a propósito. Lo que sucede es que los dos han sintonizado, y lo que usted haga, él inconscientemente también lo hará. Lo mismo pasa en el campo de la comunicación. Lo que usted necesita es saber cómo dominar la situación y decidir el momento oportuno de imponer su propio ritmo, acelerar o reducir, adelantar o dejarse adelantar. De este modo, asumirá el control de su comunicación llegando fácilmente a su destino: la influencia que desea tener.

9

Quien boca tiene, a Roma llega

El perfeccionamiento del método socrático

Imagine que usted está paseando, una mañana de domingo, por un barrio en el que nadie le conoce. Se dirige hacia un quiosco y al mismo tiempo llega otra persona que también es desconocida en el barrio. Los dos piden el mismo periódico al mismo tiempo, pero en el quiosco sólo queda uno. Usted necesita conseguirlo y no está dispuesto a cederlo; de la misma manera la otra persona tampoco está dispuesta a renunciar a él. ¿A quién de los dos le venderá el periódico el empleado del quiosco?

Existen dos tipos de poder en el mundo. Uno de ellos es el **poder posicional**, que depende de la posición que usted ocupe en un contexto determinado (por ejemplo, el presidente de una compañía tiene más poder posicional que el vicepresidente, o un comandante tiene más poder en el cuartel que un capitán). El otro tipo es el **poder personal**, que usted lleva consigo las veinticuatro horas del día, vaya a donde vaya, y haga lo que haga, y que no depende de uniformes, cargos, títulos ni posiciones sociales.

Ese poder personal depende simplemente de su capacidad de comunicarse con eficacia para alcanzar sus objetivos. Es decir, depende de su capacidad de influir en los demás mediante la comunicación.

El poder profesional que usted llegue a alcanzar depende mucho de su poder personal. No basta con la competencia (saber hacer bien un trabajo), también necesita influir en los demás (saber mostrarles que usted sabe hacer bien su trabajo) para alcanzar el éxito profesional.

El poder posicional sin el poder personal no es efectivo, porque las posiciones de poder sólo son válidas en determinados contextos y durante cierto tiempo. Ese hombre que hoy es ministro, tiene todos los privilegios inherentes a su cargo, y es recibido con los debidos protocolos en todos los sitios ¿Y qué? Cuando él ya no tenga ese cargo, ¿conservará todos esos privilegios? La respuesta a esta pregunta no depende de su poder posicional, que es efímero, sino de su poder personal.

Imagine que de un grupo de cien pilotos de una gran compañía áerea, la mitad se jubila y la otra mitad continúa en activo. Todos los pilotos pertenecen a la misma generación, tienen más de cincuenta años; sin embargo, un año después, el número de fallecimientos será mayor entre los que se jubilaron que entre los que continúan trabajando. ¿Sabe usted por qué? Porque la salud no depende sólo del descanso, sino también de la satisfacción, la gratificación personal, el hecho de relacionarse productivamente con los demás, la aceptación, la autoestima y los objetivos de la vida. Abandonar un poder posicional sin tener poder personal puede provocar depresión, enfermedad y muerte.

* * *

La influencia es la acción que una persona ejerce sobre otra. Es sinónimo de prestigio, credibilidad, preeminencia, poder, y también de entusiasmo y alegría. Desde el punto de vista de la profesión, es el proceso a través del cual usted vincula un sentimiento de placer y de confianza con su idea, producto o servicio. Es interesante observar que en ciertas regiones de Brasil se utiliza la palabra *influencia* para designar el sitio donde se descubren minas de diamantes. Influir es tener poder y prosperidad.

> *Quien controla una conversación*
> *no es quien habla,*
> *sino quien escucha.*

En el fondo, todos somos vendedores en cada momento de nuestra vida. Necesitamos saber «vender nuestro producto», transmitir correctamente nuestras ideas y nuestros deseos para que los demás crean en nosotros y así podamos obtener resultados concretos en nuestra comunicación con el mundo que nos rodea. Nuestra vida será mejor en la medida en que nos comuniquemos de forma positiva y sepamos aprender de las respuestas (*feedback*) que el mundo nos da a cada momento. De esta manera llegaremos a ser más inteligentes en nuestras relaciones interpersonales.

A través de nuestros sentidos, el cerebro recibe las informaciones que el mundo nos ofrece y luego las procesa, utilizando para ello los programas (las formas de pensar) que se encuentran grabadas en nuestra mente. Aprender cómo funciona nuestro cerebro, cómo procesa las informaciones y cómo las transmite al mundo, puede llegar a ser una conquista de un valor inestimable para nuestra vida.

Esa es la razón por la que escribí este libro: para que usted sepa, de una manera simple, cómo se comunica su cerebro, y también para que pueda utilizar este conocimiento en todos los aspectos de su vida.

* * *

La comunicación que crea *acción en común* es aquella que mueve algo en el universo. El universo se mueve cuando algo nuevo se produce, y todo el mundo participa en ese proceso de creación permanente. Mover es dar un motivo, es **motivar**, estimular, provocar interés y entusiasmo para que algo suceda.

Yo no puedo motivar a otra persona. Es ella quien se motiva a sí misma. Lingüísticamente, puedo crear una situación en la que la otra persona se motive. Al motivarse a partir de mi estímulo, estará moviendo el universo conmigo.

¿Cómo podemos aprender a crear este tipo de situaciones? Mediante la neurolingüística se puede saber cómo el cerebro humano procesa las informaciones del entorno y cómo podemos intervenir en ese proceso.

Todos los actos humanos están motivados por estas dos razones: **evitar el sufrimiento** o **buscar el placer** (fig. 13). Todo lo que usted hace se basa en un equilibrio entre esos dos motivos. De esta manera, vivimos en una escala analógica entre el sufrimiento y el placer. El 60 por ciento de los individuos se mueve en la dirección ES (evitación del sufri-

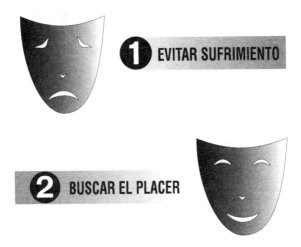

TODO ACTO HUMANO ES MOTIVADO POR LAS SIGUIENTES RAZONES:

1 EVITAR SUFRIMIENTO

2 BUSCAR EL PLACER

Figura 13

miento), mientras que el 40 por ciento restante se orienta en sentido BP (búsqueda del placer).

Tanto un buen comunicador como un buen líder toman en cuenta esas razones en el momento de comunicarse con los demás, aunque no sean conscientes de ello. Al tener conciencia de esta escala entre ES y BP, usted podrá ampliar de forma considerable su poder de influencia, porque conseguirá sintonizar mejor con el «canal» de la persona con quien se comunica.

Por ejemplo, digamos que usted le hace a alguien esta pregunta:

—Imagine que el dinero no representa ningún problema, y que trabaja por otros motivos; para usted, ¿qué es lo más importante en el trabajo?

Por la respuesta que le dé, podrá identificar con claridad si el otro es ES o BP. La persona que se motiva procurando evitar el sufrimiento (ES) describirá lo que procura evitar cuando trabaja (el aburrimiento o la soledad, por ejemplo). En cambio, la persona que se motiva buscando el placer (BP) responderá que trabaja para obtener una satisfacción personal, adquirir nuevos conocimientos, contribuir con el Universo, etc.

A partir de estas respuestas, usted podrá conducir la conversación en el sentido en que la mente de la persona funciona mejor.

Una persona ES dirá: «Llevaremos a cabo un proyecto juntos. Pero primero permítame que le prevenga sobre los perjuicios que podremos sufrir nosotros y la empresa en el caso de que el proyecto fracase...» (pone el énfasis en lo que hay que evitar).

En cambio, una persona BP dirá: «Llevaremos a cabo un proyecto juntos. Permítame decirle todo lo positivo que nos sucederá a nosotros y a la empresa si el proyecto tiene éxito...» (pone el énfasis en lo que se debe obtener).

* * *

Otra manera de conocer al interlocutor para poder utilizar un lenguaje más eficaz al comunicarnos con él, es observar el sentido que predomina en su percepción del mundo, es decir, determinar si es visual, auditivo o cinestésico (véase el capítulo 7). Hay varios indicios que nos pueden ayudar en esa identificación. Su profesión, por ejemplo: un buen fotógrafo generalmente pertenece al tipo visual, un atleta será cinestésico y un músico auditivo. Otro indicio es la apariencia física: una persona delgada tiende a ser visual, mientras que una gorda suele ser cinestésica. Y también está la manera de hablar: la personal visual utiliza más verbos asociados con la vista, la auditiva emplea palabras relacionadas con el oído, y la cinestésica usa palabras que tienen que ver con los sentimientos.

A partir del momento en que usted identifique a cuál de estos tres tipos pertenece su interlocutor, intente conducir el diálogo en esa dirección. Por ejemplo, pregunte a la persona visual: «¿Cómo lo *ves*?»; a la persona cinestésica: «¿Cómo te *sientes* con respecto a este asunto?», y a la persona auditiva: «¿Cuál es tu opinión sobre lo que he *dicho*?». Actuando de este modo, esta última será *todo oídos* para usted, concentrará toda su atención y su interés en lo que usted le transmita.

* * *

Existe todavía otra manera de conocer a su interlocutor para hablar el lenguaje que le acercará más a él. Si quiere comprobarlo o ponerlo en práctica, utilice tres monedas de diferentes valores y tamaños, muéstreselas a su interlocutor y pídale que establezca una comparación entre ellas. Por el tipo de respuesta que le dé, podrá ver si su interlocutor interpreta el mundo por **semejanzas** o por **diferencias**:

77

- Todo es dinero. Son todas redondas. Son todas de metal.
- Todas son dinero, aunque sus valores sean diferentes.
- Los valores son diferentes, pero todas son dinero.
- Los valores (o el peso, o el tamaño) son diferentes.

La primera respuesta indica que la persona interpreta el mundo principalmente mediante semejanzas; la segunda revela que lo interpreta más por semejanzas que por diferencias; la tercera indica que percibe las diferencias antes que las semejanzas, y la cuarta muestra que interpreta el mundo a través de las diferencias.

Un buen líder sabe cómo estimular lo mejor de cada persona a partir de esa clase de características. Por ejemplo, si delega una tarea nueva a dos personas de su equipo y sabe de antemano que una de ellas interpreta el mundo por semejanzas y la otra por diferencias, le dirá a la primera:

–Mira, tengo un trabajo para hacer que es *muy similar a lo que habitualmente hacemos;* se ha de hacer de la misma manera, sólo hay algunos detalles nuevos, etc., etc.

Y a la segunda, le dirá:

–Este trabajo nuevo es *completamente diferente de todo lo que hemos hecho hasta ahora,* salvo unos pequeños detalles, etc., etc.

¿Se da cuenta? Puede hablar del mismo trabajo, desde perspectivas opuestas, sin mentir a ninguna de las dos personas, porque todo lo que dice es una cuestión de interpretación.

Para que una persona se motive, es necesario que el tema le sea presentado desde la perspectiva que más despierte su interés. Usted puede lograr esto aplicando una de las tres distinciones presentadas en este capítulo, o incluso combinando las tres.

* * *

Para obtener buenos resultados con estas técnicas lo más importante es prestar atención a su interlocutor, saber con quién trata, conocer cómo procesa las informaciones.

Para ello es fundamental hacer preguntas, pero hay que saber cómo preguntar.

En la Grecia antigua, Sócrates, uno de los mayores sabios que haya tenido la humanidad, preguntaba sin cesar. Enseñaba a través de preguntas. Descubrió que lo más importante no es saber, sino preguntar.

Los seres humanos tenemos dos oídos y sólo una boca. Esto nos indica que escuchar es más importante que hablar. **Quien controla una conversación no es quien habla, sino quien escucha**.

Existen grandes líderes, en todos los campos (gobierno, empresas, etc.), que ejercen su liderazgo utilizando el método socrático.

«**¿Cómo?**» Esta simple pregunta nos abre las puertas del saber. Los datos que se obtienen con ella son muy útiles e informativos.

«**¿Por qué?**» Con esta pregunta se pide la justificación de cualquier asunto. La información que se obtiene a partir de ella no siempre nos ayuda en las decisiones que debemos tomar. Las respuestas son muchas veces racionalizaciones que no proporcionan ninguna comprensión del tema en cuestión.

Quien pregunta obtiene las informaciones que necesita para tomar cualquier decisión.

Si usted sabe utilizar, de un modo adecuado a cada situación, su poder personal, el tono de voz, la fisiología y el contexto psicológico, el método socrático funcionará de un modo sorprendente. Cuando le haga una pregunta a otra persona, ella sentirá que la tiene en cuenta y la escucha, y procurará cumplir con su papel en la comunicación, explicando lo que piensa, lo que sabe sobre el asunto, y aportando los datos que usted necesita.

¿Cómo se llega a Roma? Preguntando. Entre el *cómo* y el *por qué*, prefiera el *cómo*. ¡Eso le llevará más allá de Roma!

10

Claves para tener éxito en la comunicación

Dar más de lo que se recibe

Comunicarse con eficacia es hacer que los demás crean en usted. Para que esto ocurra, ¿sabe quién es el primero que necesita creer en lo que usted dice? Es usted mismo.

Si yo no creo en una idea o un producto, ¿cómo voy a venderlos? «Ah, ¿y los mentirosos empedernidos, que logran salirse con la suya?» Lo que ocurre es que la ganancia nunca es real cuando se consigue engañando a los demás. Con ese tipo de comportamiento (al que llamo *ganar-perder*), no se produce nada en el Universo... Al contrario, se substrae. La energía se desequilibra generando una falta de armonía que produce consecuencias negativas y queda impresa en la estructura mental de la persona que miente.

«¿Usted le compraría un coche usado a ese hombre?» En Estados Unidos es muy común esta expresión para referirse a la confianza que inspira alguna persona conocida o incluso alguien a quien nunca se había visto antes. La confianza que alguien nos inspira es muchas veces intuitiva; no siempre contamos con datos concretos o suficientes conocimientos sobre el pasado de la persona con quien nos disponemos a cerrar un negocio, pero nos basamos en la confianza que nos inspira a través del contacto personal.

«Se pilla más pronto a un mentiroso que a un cojo», suele decirse. Si sabemos darnos cuenta, una persona deshonesta se nos revelará en pequeños detalles. **Lo obvio sólo lo es para el ojo preparado.**

Es más, si alguien actúa de forma deshonesta una vez, traicionando la confianza de otra persona, difícilmente ésta le dará una segunda oportunidad. La mentira es eficaz a corto plazo, mientras que las mejores relaciones y los mejores negocios son los que se cultivan a largo plazo. Este es un principio básico, no sólo en la comunicación interpersonal, sino también en la comunicación entre las empresas, entre una empresa y sus clientes, entre el gobierno y la población, etc. La comunicación que se basa en la mentira aparentemente puede solucionar una emergencia, pero dejará un foco mucho más peligroso a largo plazo, que es la falta de confianza.

El poder que se basa en la mentira es ilusorio. El argumento de *ganar-perder* no se mantiene en pie, porque uno de los dos lados es negativo. Cuando las dos partes ganan (*ganar-ganar*), la energía positiva que ello genera en el Universo llega a todas las personas que la generaron. Todo juego de *ganar-perder* acaba transformándose en *perder-perder*. El único juego que vale la pena practicar en este Universo es el de *ganar-ganar*. El Universo es un lugar potencialmente abundante. Fue creado para que todos seamos ganadores.

* * *

Una trayectoria de éxito con una tradición de confianza, acumulada a lo largo de los años, ayuda a crear éxito en el futuro. Si usted tiene una historia del pasado para avalar sus próximos pasos, no lo dude. Aproveche su pasado, pero no se encadene a él. Lo más importante es lo que usted haga de ahora en adelante.

Si no tiene todavía esa historia del pasado, puede comenzar a construirla ahora. Hace cinco segundos que usted está leyendo este párrafo y ya forma parte del pasado, desde esta palabra hacia atrás. ¿Desde qué palabra? Desde la palabra que usted estaba leyendo, o pensando, o diciendo, en el momento presente de un tiempo que no se detiene ni por un instante.

La primera persona
que necesita creer
en lo que usted dice
es usted.

A través del tiempo usted construirá su credibilidad, como instrumento para lograr el éxito. Ese tiempo pudo haber comenzado hace cincuenta años, como también puede empezar ahora, en este preciso momento. Lo importante es que usted cree de forma positiva su presente. Un pasado de éxito puede ayudar, es verdad, pero no sustituye ni garantiza su triunfo en el presente o en el futuro, como tampoco un pasado infeliz es motivo para aprisionar a nadie en la infelicidad (fig. 14)

83

PASADO　　　　　　　**FUTURO**

Conocido
e inmutable **PRESENTE** Desconocido
y mutable

Figura 14

Centrarse en el presente, viviendo aquí y ahora, es un factor muy importante para que su comunicación con los demás sea realmente eficaz. El poder está aquí y ahora. El pasado ya pasó y el futuro todavía no ha llegado. Viva su momento presente.

* * *

Durante todo el tiempo debe conocer el valor de su producto, servicio, idea o talento, teniendo en cuenta elementos concretos para alimentar su confianza en lo que usted mismo asegura. Se ve claramente que para eso es necesario que le guste su trabajo y realmente crea en lo que hace. Sin embargo, cuando a alguien no le gusta un determinado trabajo, no siempre la culpa es del trabajo en sí: muchas veces son sus propios problemas personales (como la falta de autoestima, la dispersión, etc.) los causantes de que la persona no valore lo que hace. Todo trabajo es importante, si usted sabe valorarlo. La persona que limpia los lavabos de una fábrica, el director de una empresa, el campesino, el panadero, el barrendero, el ama de casa, el contable, la enfermera, el ingeniero... todos hacen cosas muy importantes para la sociedad y en cualquiera de estas actividades la persona puede ser feliz o infeliz. Cada cual elige no sólo lo que quiere ser, sino también cómo quiere sentirse. **El secreto de la vida no es hacer lo que a usted le gusta, sino amar lo que hace**.

En cualquier tipo de trabajo existe la necesidad de la comunicación, con los clientes o con los proveedores, o por lo menos con los compañeros de trabajo, los jefes o los subalternos. Usted se comunica de un modo eficaz cuando consigue influir en otra persona, convencerla de lo que usted piensa o desea conseguir. Para convencer a alguien, como dije antes, el primer paso es estar usted mismo convencido de lo que dice.

Otro factor para tener éxito en la comunicación es la relación entre lo que usted ofrece y lo que pide. **Si da a otra persona más de lo que está pidiendo a cambio, su capacidad para influir en ella está garantizada**. ¿Es posible lograrlo sin sufrir ningún perjuicio? ¡Claro que sí! ¿Perfeccionando la calidad y la productividad de lo que se hace? Sí, pero eso no es todo. Quien compra un producto, contrata un servicio o se adhiere a una idea, en realidad quiere obtener algo más que eso: está comprando un *estado mental* (como veremos en los capítulos siguientes), es decir, busca la satisfacción de sus deseos personales. Estos factores subjetivos son los que más cuentan en el momento del convencimiento, y dependen mucho más de la comunicación que del producto en sí.

Todos tenemos la capacidad de alterar nuestros estados mentales. Cuanto mayor sea su habilidad en alterar el estado mental de los demás, mayor será su potencial comunicativo, es decir, su inteligencia interpersonal.

11

Aprenda a aprender

Saber que no se sabe ya es saber

Si usted no sabe que sabe, cree que no sabe. Por otro lado, si cree que sabe y no sabe, actúa como si supiese. Esto puede provocar graves consecuencias.

Todos somos ignorantes, pero en temas diferentes. Al ser humano le es imposible saberlo todo. Reconocer la ignorancia en alguna cosa es ya un conocimiento, porque abre la puerta del aprendizaje.

Nuestra mayor ignorancia es no saber que no sabemos. La arrogancia es ceguera cognitiva. Es volverse ciego al conocimiento.

Todo lo que aprendemos en la vida pasa por cuatro fases, y la **ignorancia** es la primera fase del **aprendizaje**. En la fase de la ignorancia, *no sabemos cuánto no sabemos.* Cuando llegamos a *saber que no sabemos*, es que ya estamos aprendiendo y entramos en la segunda fase.

La segunda fase es tener una buena **información** sobre alguna cosa, es decir, cuando *sabemos cuánto no sabemos.*

La tercera fase es la del **conocimiento**. Es cuando *sabemos cuánto sabemos*. ¿De qué modo comienza la fase del conocimiento? Con la **confusión**. Al pasar de la segunda fase (estar informados) a la tercera (conocimiento), hay que cruzar el territorio de la confusión. Cuando llegan a este punto, muchos estudiantes abandonan el libro, y no aprenden porque no soportan atravesar la confusión, aunque forme parte del proceso de aprendizaje. Si los profesores, en los colegios, lo supieran y entendiesen la importancia que tiene esta etapa del conocimiento, el aprendizaje de los alumnos sería mucho mejor. Pero esto no es lo que sucede. Las personas temen la confusión («¡Dios mío, no entiendo nada. No lo consigo. Es demasiado difícil para mi cabeza!»), porque no quieren abandonar la zona de comodidad.

Si usted se siente un poco confundido al leer este libro, eso es una buena señal. Quiere decir que está dispuesto a incorporar nuevos conocimientos.

Si ante nuestros ojos apareciera algo completamente nuevo, que nunca hubiéramos visto antes, nuestra primera percepción parecería confusa («¿qué es eso?»). Pero nuestro cerebro tiene la capacidad de procesar informaciones, siempre y cuando estemos abiertos para que eso ocurra, y más tarde lo que era confuso se volverá familiar, y lo que era incomprensible se volverá obvio. Como ya he dicho, la arrogancia (el orgullo, la soberbia) es ceguera cognitiva. Asumir una pose de sabelotodo significa cerrar los propios canales al conocimiento. Para llegar al conocimiento, es necesario abrirse a lo nuevo y tener voluntad para aprender, para, sin miedo (¡al contrario!), penetrar en lo desconocido. Solamente de esta manera es posible superar las dificultades y atravesar la confusión.

En la plenitud del conocimiento (que no significa saberlo todo, sino saber bien lo que se sabe), se llega a la cuarta fase del aprendizaje: la **sabiduría**. Nuestro cerebro ha conseguido asimilar de tal manera ese conocimiento que ya no necesitamos prestarle atención, está en nosotros, forma parte de nuestra estructura mental. En esta fase, la persona ya *no sabe cuánto (o cómo) sabe*.

El bebé nace sin saber caminar. Al principio, ni siquiera sabe que no sabe. Más tarde, cuando ve a otras personas andando, desea también caminar, y entonces se da cuenta de que no sabe. Al tomar conciencia de su ignorancia, comienza a aprender. Después realiza las primeras tentativas y al principio no consigue ningún resultado, pero ya se da cuenta de lo que debe hacer. Entonces comienza a probar con más ahínco, da dos o tres pasos y se cae. Lo intenta de nuevo y se cae. Se siente confundido y lo intenta nuevamente. Y continúa cayéndose, pero no renuncia, hasta que aprende. Pasado algún tiempo, aquello que le había exigido tanto esfuerzo para aprenderlo se convierte en algo tan simple que ni siquiera se da cuenta de que está caminando.

Somos *inconscientemente incompetentes* en la primera fase, *conscientemente incompetentes* en la segunda, *conscientemente competentes* en la tercera, e *inconscientemente competentes* en la cuarta. Así es el proceso de aprendizaje (fig. 15).

* * *

Saber alguna cosa es muy diferente de saber enseñarla. En las universidades es muy habitual encontrarse a grandes sabios que son pésimos profesores.

Pero no es sólo en la escuela donde aprendemos y enseñamos. Este proceso ocurre todo el tiempo y en todos los ambientes. El buen comunicador es, en la práctica, un

IGNORANCIA	–	Inconscientemente incompetente
INFORMACIÓN	–	Conscientemente incompetente
CONOCIMIENTO	–	Conscientemente competente
SABIDURÍA	–	Inconscientemente competente

Figura 15

profesor, ya que consigue transmitir nuevas ideas y hacer que no sólo sean entendidas sino también aceptadas por el oyente.

Cuando intentamos convencer a alguien de algo, de hecho estamos transmitiendo (enseñando) una manera de pensar distinta de la que esa persona tenía anteriormente.

Existen algunas técnicas que facilitan este proceso de enseñanza y aprendizaje. Usted podrá usarlas en su vida cotidiana y ampliar de manera sorprendente su poder para influir en los demás y su capacidad de aprender y de enseñar.

Crear un **impacto** es una de esas técnicas. Si usted crea una situación de impacto, de sorpresa, de impresión fuerte e inesperada, logrará atraer la atención de su oyente. Pero no necesita dejar de ser usted mismo para crear un impacto. Al contrario, cuanta más espontaneidad transmita, mejor. Rodeados de tanta información que circula todo el tiempo, sólo aquel que sobresale de la uniformidad consigue despertar interés y atención.

La segunda técnica es la **repetición**, que es el origen del proceso de aprendizaje. De la misma manera que un bebé aprende a caminar repitiendo y repitiendo sus intentos, cualquiera de nosotros aprende con más facilidad cuando el método se basa en repeticiones bien dosificadas.

El conocimiento no significa
acumulación de información,
sino competencia para actuar.

¿Por qué la mayor parte de los estudiantes aprenden una asignatura, dedicándose días y días a estudiarla, y después de tanto esfuerzo, lo olvidan todo? (¡Qué derroche de energía!) Esto nos pasa o nos ha pasado a todos. ¿Podría usted aprobar hoy un examen, como el de la selectividad, por ejemplo, o hacer oposiciones para el cargo que ocupa actualmente? El problema es que en la escuela, de hecho, no se aprende. Sólo nos tragamos una serie de conocimientos. Necesitamos **aprender a aprender**.

El conocimiento no significa acumulación de información, sino competencia para actuar.

La **utilización** es la tercera técnica. Sólo asimilamos aquellos conocimientos que utilizamos en nuestra vida. En la actualidad, con la inmensa cantidad de informaciones que circulan todo el tiempo, no tiene ningún sentido memorizar una serie de conocimientos que nunca nos serán útiles. Si empleáramos la misma cantidad de tiempo en aprender a aprender, la mente sabría cómo procesar informaciones con mucha más facilidad y así estaríamos siempre aprendiendo, a cada instante.

El conocimiento verdadero es el que pasa a formar parte de nosotros, y deja de ser una referencia externa. La capacidad de **interiorización** es otro aspecto del proceso de aprendizaje.

Aprender es un proceso que no tiene fin. Siempre tenemos algo que aprender. Voy a demostrarlo con el método más poderoso que existe para enseñar y comunicarse: la **metáfora**. En las historias, en las parábolas, en las fábulas, el poder de la metáfora se encuentra concentrado. Cuando se dice: «Érase una vez» o «Hace mucho tiempo», en realidad se habla del presente, de aquí y ahora. Las historias metafóricas son eternas.

Uno de los deportes tradicionales de Alaska es la tala de árboles. Hay leñadores famosos con un gran dominio, habilidad y energía en el uso del hacha. Un joven que quería convertirse también en un gran leñador, oyó hablar del mejor de los leñadores del país y decidió ir a su encuentro.

–Quiero ser su discípulo. Quiero aprender a cortar árboles como usted.

El joven se aplicó en aprender las lecciones del maestro, y después de algún tiempo creyó haberlo superado. Se sentía más fuerte, más ágil, más joven, estaba seguro de vencer fácilmente al viejo leñador. Así desafió a su maestro en una competición de ocho horas, para saber cuál de los dos podía cortar más árboles.

El maestro aceptó el desafío, y el joven leñador comenzó a cortar árboles con entusiasmo y vigor. Entre árbol y árbol, miraba a su maestro, pero la mayor parte de las veces lo veía sentado. El joven volvía entonces a sus árboles, seguro de vencer, y sintiendo pena por su viejo maestro.

Al caer el día, para gran sorpresa del joven, el viejo maestro había cortado muchos más árboles que él.

—¿Cómo puede ser? —se sorprendió—. ¡Casi todas las veces que lo miré, usted estaba descansando!

—No, hijo mío, yo no descansaba. Estaba afilando mi hacha. Esa es la razón por la que has perdido.

* * *

El tiempo empleado en *afilar el hacha* es valiosamente recompensado.

El **refuerzo** en el proceso de aprendizaje, que dura toda la vida, es como afilar el hacha. ¡Continúe afilando la suya con la lectura de este libro!

12

La alteración de los estados mentales

Cómo conseguir el cinturón negro en influencia

¿Cuál es el estado mental que desea tener? La satisfacción, la alegría, la felicidad, el placer, la amistad, el sentimiento de prestigio, de prosperidad, todo eso se busca de diferentes maneras, principalmente a través de algunos productos o símbolos.

En el capítulo anterior he hablado de las metáforas. Ahora utilizaré la venta como una metáfora para continuar transmitiendo un conocimiento práctico sobre la comunicación y sus matices.

Las personas no compran sólo un producto o un servicio, sino también estados mentales. La publicidad es un buen ejemplo de ello: la mayoría de los anuncios ponen más énfasis en el estado mental que el producto puede proporcionar que en las características del producto en sí. El coche rojo descapotable es un estado mental, de la misma manera que un apartamento o una crema de belleza. Cualquier compra o cualquier contrato que se firme son

95

acciones en cierta manera provocadas por las emociones, por el deseo, por la búsqueda del estado mental que se anhela.

Como ya he dicho, todos somos vendedores, cualquiera que sea la actividad que llevemos a cabo. Pero al mismo tiempo afirmo que no somos vendedores, sino *alteradores de estados mentales*. Venderle algo a alguien es proporcionarle un estado mental favorable. Esta es la razón, como ya hemos visto, por la cual un buen negocio es aquel en que el comprador recibe más placer del que paga. Esta valoración depende principalmente del vendedor. Si a dos productos exactamente iguales se le aplican dos estilos de venta diferentes, podrán satisfacer al consumidor de un modo distinto.

Como en la venta importa más el estado mental que el producto en sí, también para convencer a alguien de alguna idea o negocio es necesario determinar el estado mental que esta persona desea tener, investigando previamente o descubriéndolo durante la conversación, y «venderle» eso.

Nuestro comportamiento cotidiano está directamente vinculado a nuestro estado mental (fig. 16), que depende a su vez de dos aspectos: la fisiología (los factores concretos, corporales o externos) y la representación interna de la persona (los pensamientos).

¿Cómo se puede cambiar la representación interna de alguien? El modo más eficaz consiste en hacerle preguntas, porque así la persona expresa sus propias definiciones y sus deseos. Si a alguien que está triste le preguntamos por ejemplo: «¿Cuál es el momento más agradable que ha vivido en su vida?», haremos que el estado mental que anhela se manifieste. Para cambiar el estado mental, primero debe cambiar el pensamiento.

Figura 16

El estado mental es decisivo en el proceso de comunicación, tanto para quien «compra» como para quien «vende».

Influir en los demás es una ciencia y un arte, que depende principalmente de saber trabajar con los estados mentales, el de uno mismo y el de la persona con quien nos comunicamos. Presentaré a continuación, en este capítulo y en los siguientes, los denominados **siete pasos de la influencia**, que son:

1. TENER UN ESTADO MENTAL FAVORABLE

2. DESPERTAR CONFIANZA EN LA OTRA PERSONA

3. CLASIFICAR AL CLIENTE

4. HACERLE EXPERIMENTAR Y «POSEER» EL PRODUCTO

5. AYUDARLE A DECIDIR

6. FACILITAR LA TRANSACCIÓN

7. CREAR EL FUTURO PARA LA OTRA PERSONA

Tener un **estado mental favorable** significa llegar a sintonizar con nuestra capacidad total, es el uso pleno de todo nuestro potencial como individuos. Es experimentar lo que muchos llaman el «yo superior» y lo que otros denominan «nirvana». Nada impide que usted pase a ser, aquí y ahora, la persona que desea ser; ¿por qué esperar el futuro? Aunque al principio le resulte difícil mantenerse sintonizado mucho tiempo en ese estado ideal, con la práctica se le irá volviendo cada vez más familiar y estará presente en todos los momentos de su vida.

Existen técnicas especiales para que la gente llegue a sintonizar con ese *estado de excelencia* y a partir de ahí pueda cambiar su vida. Una de esas técnicas consiste en traer al pensamiento, de manera muy nítida y presente, una experiencia del pasado que haya marcado positivamente la vida de la persona, que haya sido sumamente gratificante para ella, y anclarse en ese recuerdo para volver a hacer presente ese estado de plenitud.

Aun desconociendo esta técnica, todos podemos conectar con lo mejor que tenemos y con las experiencias más positivas de nuestra vida. Es una cuestión de elección y de voluntad. Quien fija sus pensamientos en el fracaso, acaba creando más fracaso. Pensar de manera positiva es uno de los pasos en dirección a la excelencia.

Se puede presentar didácticamente el proceso por el cual

se accede al estado de excelencia a través de las siguientes etapas:

1. Acontecimiento. Piense en sus éxitos del pasado. Lo semejante atrae lo semejante. El éxito llama al éxito.
2. Gancho. Imagine, de pie, un gancho que llega desde el cielo y levanta su cabeza hacia arriba. Estire el cuello y relaje los hombros. De este modo su energía corporal fluirá más libremente.
3. Círculo. Imagine un círculo de su color preferido frente a usted.
4. Palabra. Elija una «palabra mágica» que represente el tema; por ejemplo: éxito, amor, prosperidad, etc. Diga esa palabra en voz baja.
5. Pronuncie la palabra, dé un paso hacia delante y entre en el círculo.

El estado mental
puede alterarse con facilidad.
¡Sólo hay que cambiar el pensamiento!

Hacer este simple ejercicio, antes de una cita importante, puede ayudarle a mantener un estado mental apropiado para su comunicación interpersonal.

* * *

Existen también otras maneras de que usted mantenga un estado mental favorable para la comunicación. Describiré una técnica que puede resultarle muy útil:

Supongamos, por ejemplo, que usted es un vendedor de

electrodomésticos; de cada diez personas que abordase, como promedio, sólo una compraría su producto. Al comienzo del día usted encara al primer cliente y él rechaza su oferta. El segundo también. Y las respuestas negativas se van sucediendo. ¿Cómo reacciona usted? ¿Qué sucede en sus pensamientos?

A) «Una oportunidad menos», «Todos rechazan mi oferta», «Hoy es un día muy difícil», «No vendo nada». Si usted piensa de esta manera, su mente irá acumulando negaciones y tenderá a producir otra negación. Cualquiera que en una tienda es atendido por un vendedor malhumorado, tenderá a no comprar más en ese sitio. De la misma manera, si usted se acerca a los clientes con una actitud negativa en su cabeza, su comportamiento y la energía que transmita atraerán otras respuestas negativas.

No obstante, puede interpretar la situación de un modo diferente. Observe la alternativa siguiente:

B) «Si por cada aparato que vendo gano mil dólares, entonces ganaré cien dólares por cada persona que abordo, con independencia de cuál sea su respuesta.» Actuando de este modo, después de cada respuesta negativa usted preferirá pensar: «Gané cien dólares más», por increíble que parezca. Aunque haya escuchado nueve respuestas negativas, abordará a la décima persona con el mismo estado mental que al comienzo del día. Está claro que ese estado mental favorecerá el «sí».

La persona que utiliza la alternativa B usa mucho mejor su capacidad. Atiende al cliente con muy buen humor, sin importarle si le va a decir que sí o que no, y no deja que el mal humor de los demás interfiera en su actividad diaria.

«Tanto si piensa que puede como si piensa que no puede, de cualquier modo está en lo cierto» (H. Ford).

13

Cómo un zorro pasa por un pavo

La psicología al alcance de todos

Hacerse amigo de las personas y despertar confianza es otro paso en la capacidad de influir en los demás. ¿Cómo conseguir que eso ocurra? ¿Y qué hacer después?

Hay ocho factores: la apariencia, el apretón de manos, el nombre, la conversación, el tono de voz, la postura, los gestos y la respiración.

La **apariencia** es un factor decisivo. No entre en el campo para jugar en un equipo con la camiseta del contrario. Si usted pertenece al ejército de Tierra, no vestirá el uniforme de la Marina. Intente vestirse lo mejor que pueda, siempre de acuerdo con lo que vaya a hacer en ese momento. Recuerde que sólo tiene una oportunidad de causar una primera buena impresión, y una primera impresión positiva es fundamental para su poder de influir en los demás.

En muchos casos, la corbata, por ejemplo, es esencial. Vea una investigación al respecto en mi libro **El éxito no llega por casualidad**. Pero en otras ocasiones la corbata

Figura 17

puede ser un estorbo: el director de una empresa en una reunión con el sindicato de sus trabajadores se entenderá mejor con sus interlocutores si va vestido sin formalidad ni ostentación de ninguna clase. Y en una salida de fin de semana a la playa, aunque vaya con personas de un alto nivel social, ¿irá de traje? De cualquier manera, con corbata, o chaleco o cualquier otro tipo de ropa profesional o social, tener una buena apariencia es de vital importancia para una comunicación eficiente.

* * *

El segundo factor es el **apretón de manos**. ¿Por qué, al saludarnos, nos estrechamos la mano? Porque, desde épocas remotas, el apretón de manos es un código que indica que ambas personas se encuentran desarmadas. Pero además de eso comunica otros mensajes. Según el modo de hacerlo, la duración y otros detalles, un simple apretón de manos puede transmitir simpatía, frialdad, sensualidad, miedo, confianza o desconfianza, cualesquiera de estos sentimientos y otros. Nuestros abuelos ya decían que el apretón de manos transmite seguridad cuando es firme, y falsedad cuando es flojo. Pero cuidado con la forma en que usted aplique estos conocimientos. En una ciudad del interior de São Paulo ocurrió hace algunos años una situación que es un buen ejemplo de esto:

Un nuevo director llegó a una agencia de un banco local. Preocupado por causar buena impresión entre los clientes más importantes, decidió visitar personalmente a los empresarios locales. En la primera visita, estrechó tan fuerte la mano de un cliente que se la rompió. Exageró al apretar y el efecto fue catastrófico.

Fíjese también en las circunstancias antes de saludar estrechando la mano. No todo el mundo da el mismo valor a este tipo de saludo. Si observa que alguien, después de cada apretón de manos, se las lava, no utilice este saludo con esa persona: salúdela con un gesto. Muchos pueblos tienen otras formas de saludo en lugar de estrechar la mano.

* * *

La palabra más importante y más dulce que usted puede escuchar en la vida es su propio nombre. Escuchar su nombre significa que usted está presente en el mundo, que los demás lo tienen en cuenta y piden su participación.

Donde fueres
haz lo que vieres

Decir el nombre de la persona a quien usted se dirige es una manera de establecer un contacto más estrecho. Hay quien tiene dificultades para memorizar nombres; diez segundos más tarde de haber sido presentado a alquien, ya no recuerda su nombre. El motivo de eso no es la mala memoria, sino simplemente la falta de atención. Si está pensando en otros asuntos y preocupaciones en el momento en que es presentado a alguien, le resultará muy difícil hacer un lugar de fácil acceso en la memoria para guardar el nombre de esa persona. Pero si usted presta atención al otro en el momento en que le es presentado, escuchando su nombre y mirando su cara, difícilmente lo olvidará. Si usted no recuerda el nombre del cliente, ¿cómo lo convencerá con sus argumentos? ¿Cómo influirá en él?

Franklin Roosevelt, ex presidente de Estados Unidos, observó que las personas casi siempre se saludaban socialmente sin prestar atención a lo que el otro estaba diciendo. Basándose en ello, decidió realizar una prueba: en una recepción para quince embajadores, los saludó uno por uno con la siguiente frase: «Esta mañana he matado a mi suegra». Sólo uno de los embajadores percibió algo extraño y le preguntó: «¿Qué ha dicho usted, señor?»

Si tiene dificultades para memorizar algún nombre, use un método mnemotécnico, es decir, encuentre alguna relación entre ese nombre y una palabra o idea fácil de recordar. Si esta relación resulta graciosa, es todavía más fácil de memorizar. En Estados Unidos, mi nombre es un poco difícil de recordar y de pronunciar. Por eso, yo mismo creé un método mnemotécnico que hace que las personas siempre recuerden cómo me llamo: en inglés, *lair* (que se pronuncia *ler*) es una guarida; *rib* significa costilla, *bear* es oso; sólo falta la letra *o* del final. Entonces les propongo que se imaginen una guarida (*lair*) con dos osos (*beir*) tocándose las costillas (*rib*) el uno al otro y diciendo *o o o...*». A todos les hace gracia y nunca se olvidan de mi nombre.

Otra técnica eficaz para memorizar nombres es: una vez que ha oído el nombre de alguien, repítalo por lo menos tres veces durante la conversación.

Decir el nombre de otra persona es una llave que nos permite entrar en su universo. Para ser bien aceptado por alguien, observe cómo quiere esa persona que la llamen y si prefiere ser tratada de tú o de usted. Hay muchas personas a las que no les gusta su propio nombre e inventan otras formas de ser llamadas; otros insisten que se los llame por un apodo y restringen el uso de su nombre de pila al ámbito familiar; otros prefieren ser llamados por un título, como doctor o profesor; y todos tienen el derecho de determinar su propia identidad. Por lo tanto, fíjese en cuál es la mejor manera de entrar en el universo de los demás para comunicarse con ellos.

* * *

Conversar es establecer un contacto directo con otra persona, expresar ideas, sondear su pensamiento, informar, aprender, familiarizarse, intercambiar experiencias, influir, estrechar los vínculos, crear realidad. Pero muy pocas personas saben que en una conversación, más importante que hablar es **saber escuchar**. El secreto de un buen comunicador no es ser interesante, sino estar interesado. Desde luego que el interés y la calidad de lo que usted dice tienen mucho peso, pero las personas generalmente se sienten a gusto si en una conversación se las tiene en cuenta, despiertan interés y son escuchadas.

Recuerde: la mayor parte de las veces quien tiene el control de una conversación no es quien habla, sino quien escucha. Hay quien dice: «Fulano es una excelente persona. ¡Qué conversación más agradable!», y resulta que esa persona durante la conversación sólo dijo dos o tres palabras y «se quedó ronca de tanto oír» (como decía Tancredo Neves), pero obtuvo un cuadro completo de informaciones sobre su interlocutor y además dejó abierto, a su favor, un saldo de miles de palabras.

* * *

Otro aspecto que influye en una conversación es el **tono de voz**. Ya hablé de ello en el capítulo 8, destacando especialmente la velocidad del habla. Existen también otros detalles, como el volumen de la voz (a cada ambiente y cada situación les corresponde un volumen determinado, más alto o más bajo; intente darse cuenta de ello), lo cual no quiere decir que en ciertas situaciones no pueda usted romper el clima reinante hablando más alto, y causar impacto o imponer su posición. Todo depende de su sensibilidad para saber cuál es el momento oportuno.

Se ha de considerar también la habilidad para cambiar el significado de las palabras. Como la historia de aquel matrimonio que recibió un telegrama de su hijo adolescente con estas palabras: «Papá, mándame más dinero». El padre abrió el telegrama y se enfureció. Lo leyó en voz alta para su esposa, en un tono de mando, imperativo y seco: «¡Papá, mándame más dinero!». Y vociferó contra la insolencia del joven. La madre, queriendo proteger a su hijo, cogió el telegrama entre sus manos, leyó el mensaje y sonrió, diciéndole a su marido: «No, querido, él no ha dicho eso. Escucha lo que dice». Y volvió a leer el texto en un tono tímido, respetuoso y suplicante. «Ah, bueno» –dijo el marido–, ya que me lo pide de ese modo, le mandaré el dinero».

El cuerpo también habla junto con la voz, y la **postura corporal** tiene más influencia que las palabras, como ya se vio en el primer capítulo. Preste atención a sus gestos y a los de su interlocutor. Utilice la técnica del espejo descrita en el capítulo 8.

La **respiración** también pertenece a este grupo. Muy pocas personas se dan cuenta de su importancia. Intente respirar a la misma velocidad con que lo hace su interlocutor durante la conversación, y luego verifique los resultados.

* * *

Nos gustan las personas que son iguales a nosotros. Sus mejores amigos se parecen a usted, o son como a usted le gustaría ser. Para que dos personas sintonicen, es necesario que haya un punto en común entre ellas, algo que establezca un vínculo de confianza. Las dos personas pueden incluso ser diferentes en casi todo, y ese punto en común puede ser un detalle simbólico, pero con la suficiente fuerza expresiva como para abrir los canales de la comunicación.

Uno de los mayores enemigos de una pava con sus polluelos es el zorro. Ella sería capaz de atacarlo con furia si el zorro se aproximase a sus crías. Si tiramos a la pava un muñeco de trapo con forma de zorro, lo destruirá en pocos minutos. En cambio, si atamos al vientre del zorro un pequeño grabador que emita el sonido de una cría de pava, la madre lo tratará como a uno más de sus hijos. Tiene cara de zorro, olor a zorro, anda como un zorro, pero pía como un polluelo de pavo, y eso basta para que la pava cambie su estado mental y lo trate como a uno de los suyos.

Existen varias maneras de influir en los demás en el nivel del inconsciente. Estas técnicas son eficaces y poderosas. Trátelas con cuidado y respeto.

14

El poder de la amistad

Nos gustan aquellos a quienes gustamos

Desde que nacemos comenzamos a aprender a relacionarnos con el mundo que nos rodea. Con sólo algunos meses de vida ya distinguimos algunas palabras, luego aprendemos a hablar, unos años después a escribir, y de este modo vamos desarrollando nuestra capacidad de comunicación. Algunas personas incluso realizan cursos universitarios específicos en esta área del conocimiento. Pero ni el aprendizaje a lo largo de la vida ni el estudio teórico nos garantizan la eficacia en el *arte* de la comunicación. Tener éxito en las relaciones con los demás es una ciencia y un arte. Puede usted disponer del apoyo de conocimientos científicos y de algunas técnicas, como las que explico en este libro, pero el éxito depende en última instancia de las habilidades de cada cual. Esas habilidades de las que hablo pueden desarrollarse, pero los sentidos tienen que estar abiertos para un aprendizaje que no tiene fin, especialmente en lo que se refiere a los detalles más simples, como, por ejemplo, el movimiento de los ojos, el tono de voz y la sonrisa.

Se ha hablado ya mucho de la importancia de la sonrisa para lograr una buena comunicación e incluso para mantenerse sano. Sin embargo, pocos son los que saben que la sonrisa actúa también en la comunicación a distancia, es decir, sin ser vista. Conozco experiencias realizadas en centrales telefónicas, en las que se instalaron grandes espejos, para que las operadoras pudieran verse mientras trabaja-

Para fruncir la frente
usted utiliza 32 músculos.
Para sonreír,
solamente 28.

Sonría,
aunque sólo sea
por economía.

Figura 18

ban. De este modo, recibían una información constante sobre su propio estado de ánimo. Al recibir ese *feedback* del espejo, comenzaron a prestar más atención a su humor y sonreían más. Cuando sonreían al hablar por teléfono, transmitían mejor los mensajes, y los resultados de su trabajo mejoraron considerablemente. En empresas de ventas por teléfono, esta técnica provocó un aumento de las ventas. Y nada había cambiado, a no ser un espejo y una sonrisa.

* * *

¿Por qué se utilizan tanto los cócteles en la vida social y en las promociones empresariales? Porque propician el encuentro entre personas con intereses comunes, en un ambiente informal, libres de las preocupaciones cotidianas. Se conocieran de antemano o no, la gente está allí, en disposición de conversar y conocer a nuevas personas. Esos contactos, posteriormente, tendrán diversas consecuencias, pero allí en el cóctel la situación es de aproximación entre las personas. Esos momentos, aparentemente superficiales, nos revelan mucho sobre la naturaleza humana y pueden resultar valiosos si se los sabe aprovechar.

Un equipo de investigadores invitó a una fiesta a un grupo de ejecutivos que no se conocían entre sí. Ninguno de los invitados había estado previamente en contacto con los demás. Pasados los primeros minutos de conversación, los investigadores pidieron a cada uno de los invitados, en privado, su impresión de las personas que acababan de conocer. Preguntaron también a cada uno de ellos cómo se comportarían en determinadas situaciones. Y lo apuntaron todo.

Seis meses más tarde, varios de aquellos ejecutivos ya habían desarrollado entre sí algún tipo de relación social y profesional, y algunos de ellos ya se conocían bastante bien. Entonces, los investigadores visitaron a cada uno de ellos por separado y les hicieron las mismas preguntas de aquella noche. ¡Las respuestas fueron las mismas! Es decir, la primera impresión se había mantenido. Como ya vimos, un contacto breve puede dejar una buena (o mala) impresión para siempre. **Usted nunca tendrá una segunda oportunidad de causar una primera buena impresión**, y esta primera impresión es decisiva para su imagen.

Si tiene una cita de negocios con el presidente de alguna empresa, por ejemplo, su imagen ya está en juego desde el momento en que usted entra en el edificio. En la portería, en el ascensor, en recepción, en la sala de espera, con la secretaria, en todas esas etapas previas hasta llegar delante de su objetivo, su comportamiento, hasta en los más mínimos detalles, estará formando una impresión acerca de usted que de alguna manera se reflejará en el presidente de la empresa. De nada le servirá entrar en su despacho con una pose de lord inglés si en el ascensor ha sido visto (tal vez hasta por él mismo) con aspecto atolondrado o irritado.

Nunca tendrá
una segunda oportunidad
de causar una primera buena impresión.

No lo olvide: es casi imposible cambiar la primera imagen que alguien se hace de usted.

* * *

¿Con qué elementos cuentan los demás para formarse una imagen de usted? No se trata sólo de su comportamiento, de manera aislada, sino también de los **valores** que cada uno tiene con respecto a la manera en que usted se presenta. Todo eso depende siempre del contexto. Una mujer que sale a pasear por la calle en minifalda y con la cara descubierta, por ejemplo, causará en Bagdad una impresión muy diferente de la que provocaría si paseara por las calles de São Paulo o de otra gran ciudad occidental. Esto se debe a que los valores son diferentes.

Los valores son estados mentales que creemos que son importantes para nosotros. Varían según el lugar o el ambiente donde se nace y se vive, y según el grupo social al que se pertenece, y son diferentes también de una persona a otra. Es decir, los valores son sociales, pero también individuales. Y pueden ser transformados, si la persona está dispuesta a ello. En la mayor parte de los casos, son inconscientes. Son «la verdad» para la persona, que ya no piensa más en ello.

«Para usted, ¿qué es más importante en una relación?» Si hago esta pregunta, por separado, a una pareja de novios, y él responde «la independencia», mientras que ella contesta «la dependencia mutua», o algo por el estilo, es evidente que el matrimonio no llegará a buen término, porque hay un conflicto de valores.

Sondear los valores de la persona con quien usted intenta realizar algún negocio puede ayudar bastante en la negociación. Pregúntele en el momento oportuno algo como: «¿Qué es lo más importante para usted del producto que le ofrezco?». Si responde «la comodidad», por ejemplo, usted ya sabe cuál es la **palabra mágica** capaz de generar el estado mental que esa persona desea. Si incorpora esta palabra a sus argumentos, se aproximará favorablemente al estado mental de su posible cliente, y todo resultará más fácil, porque habrá aprendido a abrir una puerta para que se exprese el deseo de esa persona. **¡El zorro que pía como un polluelo es tratado como tal!**

Pero no siempre la palabra lo dice todo, ya que depende de un contexto. El novio del que hablé antes puede responder lo mismo que la novia: «El respeto», por ejemplo. Pero, ¿qué significa la palabra «respeto» para cada uno de ellos? La misma palabra puede tener diferentes significados. Respeto, para él, puede querer decir: agachar la cabeza cuando el otro habla. Y para ella puede ser: mirar a los ojos. Una vez casados, hablarán en los siguientes términos: «¡Tú no me respetas!», «¡Eres tú quien no me respeta!»

No se limite, entonces, sólo a una palabra, por más reveladora que le parezca. Profundice en la cuestión, para conocer más profundamente al otro. En el caso del cliente que respondió «la comodidad», siga adelante, continúe con su investigación sobre los estados mentales: «¿Qué significa *comodidad* para usted?».

Uno de los principales secretos de la comunicación es saber escuchar. Escuche con atención lo que la otra persona le responda. Solamente de este modo podrá conocer sus deseos, sus valores, y hablar su lenguaje.

Siempre estamos dispuestos a invertir tiempo y dinero en la obtención de lo que más deseamos en la vida.

15

La influencia inconsciente

Cuando el cerebro deja de pensar

Imagine una cola de personas en una copistería. La cola es larga y se mueve con lentitud. De repente llega un estudiante con un folio, pide permiso para pasar y pretende que lo atiendan primero. Todos protestan y obligan al muchacho a colocarse al final de la cola y esperar su turno, como todo el mundo.

Ahora imagine la misma escena. Llega el joven, pero esta vez demostrando prisa y preocupación y ofreciendo argumentos, dando alguna razón (cualquiera) para que lo atiendan primero: «... porque tengo mucha prisa». La posibilidad de conseguirlo ahora es mucho mayor. No tanto por la razón que ha alegado, sino principalmente por la palabra **«porque»**.

Lo que se dice después del «porque» no es lo que más importa. Esta palabra tiene la capacidad de desarmar el cerebro del oyente.

Se realizó un estudio con respecto a esto: el estudiante se

ponía al final de la cola y decía: «Necesito sacar una fotocopia enseguida, porque tengo que sacar una fotocopia». La explicación es vacía, pero la aceptación era la misma. No importa demasiado lo que viene después del «porque». Esta palabra ya es una razón en sí. Observe a los políticos en la televisión: «Hice esto porque, porque, porque...». Usted siente que tienen un montón de razones, aunque muchas veces el «porque» no tenga ninguna relación con el tema de la discusión.

Saber cómo utilizar los «porques» es una habilidad de gran importancia en la comunicación. Benjamin Franklin adoptó el método de apuntar en un papel todos los porques, todos los pros y los contras, de los temas que investigaba. Si comparaba las dos perspectivas, conseguía tener una visión mucho más amplia del problema que si únicamente tenía en cuenta una de las opiniones.

Una respuesta bien formulada puede ser bien aceptada aunque no corresponda exactamente a la pregunta. Los políticos también usan y abusan de esta técnica, aprovechando las preguntas de los periodistas tan sólo como oportunidades que se les ofrecen para decir lo que realmente les interesa en ese momento.

Henry Kissinger solía bromear con los periodistas sobre ello, y les preguntaba al comienzo de las ruedas de prensa: «¿Cuáles son las preguntas que ustedes tienen para mis respuestas de hoy?». Él sabía lo que iba a decir, con independencia de lo que le preguntaran.

Las respuestas incisivas, principalmente las que contienen la palabra «porque», tienen un poder de influencia inconsciente, ya que llenan un vacío en el cerebro del oyente, que suele tranquilizarse si la respuesta coincide con sus expectativas. Eso sucede a causa de un mecanismo de nuestro cerebro, según el cual toda **tensión busca una solución.** Cuando la tensión se disipa, el cerebro ya no necesita concentrarse en aquello. Si usted quiere ser más inteligente en sus relaciones con los demás, utilice más la palabra «porque» en sus conversaciones.

* * *

Otro medio para influir en el inconsciente de los demás es la **ley del contraste.** Hay un ejemplo muy sencillo para entenderla. Coloque tres cubos con agua, uno al lado del otro. El primero debe contener agua caliente, el segundo agua tibia, y el tercero agua fría. Introduzca al mismo tiempo una de sus manos en el primer cubo y la otra en el tercero. Luego introduzca las dos manos en el cubo del medio, el que tiene agua tibia. Verá cómo cada mano sentirá el agua a una temperatura muy distinta. La mano que estaba sumergida en agua fría sentirá caliente el agua del segundo cubo, y la que lo estaba en agua caliente, la sentirá fría. Y no obstante, se trata de la misma agua. El contraste con el agua anterior es lo que hace que la percepción se altere.

Los buenos vendedores utilizan la ley del contraste en diferentes ocasiones, aun sin saber cómo funciona. En una tienda de ropa para hombre, por ejemplo, después de que un cliente compre dos trajes por valor de 500 dólares, el vendedor le ofrece dos corbatas de 50 dólares. Hay una buena posibilidad de venderle las corbatas, aunque en esa tienda sean caras, porque la tendencia del comprador es la de comparar, por contraste, el precio de las corbatas con el de los trajes, y no la de comparar el precio de las corbatas con el que tienen en la tienda de al lado.

Una vez, conocí a un médico del interior de Minas Gerais que solía cobrar caro por sus servicios. Usaba la ley del contraste, y los clientes pagaban sin protestar. Cuando le preguntaban cuánto les costaría el tratamiento, él respondía: «Ah, eso no le va a costar ni el precio de dos vacas». La persona se asustaba, pero a partir de ese momento pasaba a tomar como base el precio sugerido por el médico. Cuando llegaba la cuenta, aun siendo alta, era mucho menor que el precio de dos vacas...

Otro buen ejemplo de la ley del contraste es la técnica elegida por algunas empresas inmobiliarias. Se ofrece un determinado inmueble a todos los posibles compradores, a un precio bastante alto, antes de presentar el inmueble que realmente se quiere vender. Cuando el vendedor ofrece el segundo inmueble, mucho más barato y mejor que el primero, la tendencia del cliente será comprarlo, y rápido, antes de que aumente de precio.

«Porque» es una palabra
mágica.
El cerebro necesita razones
para decidir.

Pero el mejor ejemplo es la historia del cura de pueblo al que un día abordó un hombre desesperado por los problemas que tenía en casa.

—Padre, no soporto más los gritos de los niños, ni el parloteo de mi mujer, y ahora encima llega mi suegra para vivir con nosotros. La casa es pequeña, padre, ¡y yo quiero un poco de paz! ¿Qué puedo hacer?

118

–¿No tiene usted unos cabritos? Métalos también en su casa y todo mejorará.

Al hombre le resultó un poco extraño el consejo del cura, pero de todas maneras metió los cabritos dentro de la casa. Días más tarde, volvió más nervioso todavía. El padre escuchó sus quejas y le dio otro consejo:

–Tranquilo, que todo se solucionará rápidamente. Ponga dentro de la casa también a sus dos cerdos.

«Ahora sí que el padre se ha vuelto loco de atar», pensaba el pobre hombre mientras regresaba a casa. Pero su confianza en el cura era tan grande que hizo lo que le aconsejaba.

Dos días después llegó el hombre a la iglesia, sin aliento, sucio, desaliñado, nervioso como nunca. Y le contó al cura el verdadero infierno en que se había transformado su casa.

–Muy bien –dijo el cura–. Usted ha hecho todo lo que debía hacer. Ahora regrese a su casa, saque afuera los cabritos y los cerdos, y límpiela bien.

Al día siguiente el padre visitó a su fiel parroquiano. Lo encontró de buen humor, conversando con su esposa, la suegra y los hijos.

–Padre, ¡muchas gracias por los consejos! ¡Mi casa finalmente recuperó la tranquilidad y mi familia es maravillosa!

* * *

Usted también, en su vida cotidiana, puede usar estas técnicas con el objetivo de influir en el inconsciente de las personas con las que se relaciona. No obstante, preste atención para no manipular a sus semejantes. «Quien a hierro mata, a hierro muere.»

16

Por el hilo se saca el ovillo

Clasifique a su interlocutor

Usted conduce por la carretera y de repente es testigo de un terrible accidente: varios coches chocan y hay personas heridas. Los coches que pasan en ese momento, como el suyo, se detienen para ayudar. Pero las personas que se acercan están perplejas, no saben qué hacer y se deben tomar decisiones con rapidez. En ese instante alguien (que puede ser usted) comienza a dar órdenes: «¡Corra a telefonear a urgencias! ¡Lleve a esos dos heridos al hospital! Oiga, usted, lleve a esta señora en su coche. Ponga algunos triángulos y ramas para señalizar la carretera», y así asume el control de la situación y todos los demás le obedecen con rapidez.

¿Quién le otorgó a esa persona el poder de dar órdenes en ese momento? Fue la misma situación de tensión lo que decidió la necesidad de un líder para coordinar a los demás. Es la tensión que busca una solución, como vimos al hablar de los «porques». La primera solución que surge, en casos de emergencia, suele ser adoptada sin discusión. El ejemplo anterior ilustra lo que llamamos la **ley de la consistencia automática**. Consistencia significa coherencia, compatibilidad y también firmeza. En muchas situaciones de este tipo el cerebro busca alguna solución rápida y consistente para anclarse en ella, en lugar de formular conjeturas racionales.

Un ejemplo clásico: su hijo le pide un juguete que vio en un anuncio de televisión, y usted le promete que se lo regalará por Navidad o en su cumpleaños. Cuando va a comprarlo, en la tienda no lo tienen, y usted compra otro que tiene el mismo precio. Algunos días más tarde, el juguete que su hijo quiere llega a la tienda, que no lo tenía a propósito. Para cumplir su promesa, usted va inmediatamente a la tienda y lo compra. La tienda acaba por vender dos juguetes en lugar de uno, usando la ley de la consistencia automática.

* * *

Otro fenómeno de la influencia inconsciente es la **ley de la concesión recíproca**. Cuando usted necesita pedirle algo a alguien, pero tiene miedo de recibir una respuesta negativa, efectúe antes otra petición, mucho mayor y más difícil de que se la concedan. Al recibir la negativa (seguramente eso será lo que sucederá), acepte los argumentos, entienda el problema como quien hace una concesión. Luego haga su verdadera petición: «¿Y esto otro?». Las posibilidades de que reciba una respuesta afirmativa («Ah, puede que esto sí...») serán mucho mayores.

Los estudios que se han hecho sobre ese mecanismo nos muestran que la segunda petición no necesita ser, en reali-

—PAPÁ, ¿ME REGALAS UNA MOTOCICLETA PARA MI CUMPLE-
AÑOS?
—NO, DE NINGUNA MANERA.
—PAPÁ, ¿Y UNA BICICLETA?
—ESO, PROBABLEMENTE SÍ.

dad, mucho menor que la primera. Es suficiente con que *parezca* un poco menor. La respuesta negativa provocó un estado mental de tensión y, por lo tanto, la solución pide ahora una respuesta afirmativa. Este mismo mecanismo está presente en algunas técnicas de comunicación de las que hablé en los capítulos 3 y 4: la **reciprocidad** y el **compromiso**.

Otro factor de influencia, principalmente en el mundo de los negocios, es la **prueba social**. Es un tipo de compromiso público asociado a un buen aprovechamiento del pasado personal. En publicidad, esta técnica se utiliza en lo que se llama *anuncio testimonial*, que es el testimonio de personas reales (generalmente famosas) sobre la calidad del producto anunciado. Pero todos utilizamos de alguna manera el recurso de la prueba social, incluso en nuestro currículum vitae, donde hacemos una relación de nuestros clientes y de las empresas que nos han contratado anteriormente.

Unas palabras más sobre el compromiso: debe usted fijarse una meta importante en sus contactos profesionales o comerciales, pero recuerde que todo gran compromiso comienza con uno pequeño. Para un buen negociante, no existe un contrato pequeño, porque el pequeño generalmente llama al grande.

* * *

Por un lado tenemos: frustración, ansiedad, rechazo, fracaso, humillación. Por el otro: amor, seguridad, éxito, pasión, aventura. He separado estas diez palabras en dos grupos según el tipo de valores que representan. Las primeras se refieren a estados mentales desagradables, que nos hacen sufrir y que intentamos evitar. Las del otro grupo se refieren a estados que las personas suelen desear, cada una a su manera: unas quieren aventura, otras prefieren la seguridad, pero todos estos valores se consideran positivos y deseables.

¿Cuál de esos estados mentales le gustaría a usted alcanzar? ¿Cuál es el valor que otorga a cada uno de ellos? Distinguir en usted esos diferentes valores puede ayudarle a conocerse un poco más. Lo mismo puede hacer con respecto a su interlocutor.

Si conversa con un cliente, por ejemplo, y quiere convencerlo para que compre su producto, servicio o idea, no se limite a sus propios argumentos. Recuerde la importancia que tiene saber entrar en el lenguaje del otro para poder comunicarse mejor. Deje que el propio cliente le diga lo que para él es más importante en lo que usted le ofrece. Haga que se sienta como si ya tuviera el producto. Y a partir de las informaciones concretas que le dé, usted podrá volar más alto en su argumentación, siempre que consiga identificar el valor subjetivo que él espera encontrar en su producto, servicio o idea, es decir, el estado mental del cual le gustaría disfrutar. Una vez que haya descubierto eso, usted tendrá la clave para conducir la argumentación.

Trate a los demás
no como le gustaría a usted ser tratado,
sino como les gustaría ser tratados a ellos.

Cuando esa persona expresa lo que desea, se abre un espacio de tensión que se tendrá que llenar con el producto que usted le ofrece. Una vez descubierto el valor subjetivo, basta usar la palabra correcta en la que ese valor aparece asociado a su producto.

Lo más importante en este tipo de enfoque es hacer que la otra persona se sienta bien. No fuerce ninguna situación. Si no puede conducir la comunicación como usted pretende, respete los límites del otro. Pero procure dejarle la puerta abierta al deseo de disfrutar del estado mental que usted le ofrece.

* * *

Para que su comunicación llegue a ese nivel, necesita saber **clasificar a su cliente**, de acuerdo con sus deseos y su estilo de vida. Estas son las principales categorías, comenzando por la más frecuente:

1) **Conservador**: No le gustan los cambios ni las innovaciones, valora las tradiciones, trabaja mucho, se dedica bastante a la familia. Una palabra desagradable para él: separación.

2) **Imitador**: Generalmente es un individuo joven, quiere sobresalir en la vida profesional y social, le preocupan el sexo y las modas. Le desagrada la falta de confianza en uno mismo.

3) **Emprendedor**: Destaca de los demás por su espíritu osado y sus actitudes poco comunes. Creativo, innovador. Una palabra que le desagrada: igualdad.

4) **Concienzudo**: Inteligente, íntegro, con sentido común. Espíritu de misionero. Amante de la justicia. Se adapta al ambiente. Le desagrada la manipulación.

5) **Necesitado**: Se encuentran en esta categoría las personas que no consiguen las condiciones mínimas para realizarse como seres humanos. Su potencial no se desarrolla, ya que la mayor parte de sus esfuerzos se concentran en la supervivencia.

* * *

En las relaciones con los demás o con las instituciones es muy útil tener en cuenta estas categorías. Para cada tipo de persona usted podrá encontrar el valor ideal con el fin de orientar hacia él sus argumentos. Por ejemplo: nunca le diga al conservador que su producto «es el más nuevo y revolucionario», o algo por el estilo; preséntelo como «el más consagrado», o «el de tradición más fuerte en el mercado», o (si fuera un producto totalmente nuevo) como «el que ya nace clásico». Si habla con el concienzudo, jamás le diga que él «tiene ventaja sobre los demás» o que «es un hombre privilegiado», ya que esos dos argumentos son negativos para él.

Encontrar el argumento correcto para la persona adecuada depende de su sensibilidad como comunicador. Pero estos consejos pueden ayudarle si usted se aplica con atención.

Hablar no es suficiente. Haga que el posible cliente se sienta poseedor del producto o servicio que usted le ofrece.

Intente que imagine que ya usa el producto, y entonces hágale algunas preguntas sobre los detalles de su uso. «Si usted comprase este cuadro, ¿en qué lugar de la casa lo pondría?» O: «En el caso de que contratase nuestros servicios, ¿le gustaría recibir informes quincenales o mensuales?». Para responder a preguntas como éstas, se debe «poseer» primero el producto o servicio, aunque sólo sea en el pensamiento.

Y, en la medida de lo posible, además de hacer que el cliente se imagine poseedor o usuario del producto, deje que los **cinco sentidos** intervengan en su argumentación, haciendo que experimente el producto de verdad. «Puede quedarse con el coche durante el fin de semana.» Esta estrategia, con cierto tipo de clientes, genera prácticamente un 100 por ciento de resultados positivos.

17

La conclusión de la transacción

Arrepentirse de la decisión

Usted lo ha conducido todo con una gran habilidad, el cliente se muestra receptivo a sus argumentos, en cada momento de la conversación da la impresión de que *todo va encajando*, pero él no se decide. Es como si el miedo de tomar una decisión en ese momento fuese más doloroso que no decidir, aunque eso lo deje frustrado. ¿Qué hacer entonces? **Ayúdele a decidirse**. Pero, ¿cómo?

Hágale preguntas, concentrándose en los beneficios. De este modo usted puede reforzar finalmente la decisión positiva, o llevar a la superficie las **objeciones** que él todavía tenga. ¿Y cómo tratar con esas objeciones? Existen varias maneras. Antes de mencionarlas, una pequeña observación: las dos mayores objeciones, y las más frecuentes, son el *tiempo* y el *dinero*.

1) Ignore la objeción. Muchas veces la única manera de contrarrestar un argumento es evitarlo. De nada sirve probar que el cliente está equivocado. Continúe concentrado

en los beneficios, en el caso de que sienta que así logrará llegar al estado mental propicio para un *jaque mate*. Tal vez la objeción no vuelva a mencionarse.

2) Acepte la objeción. «Sí, de hecho, la inversión es grande...» Pero enseguida cambie de rumbo de manera positiva, todavía dentro de la línea de razonamiento de su cliente: «... y eso es una garantía más de que el beneficio será mucho mayor». Observe que utilizo la palabra *inversión*, en lugar de *precio*. Sólo con ese detalle (eliminando de las negociaciones la palabra *precio*), una compañía inmobiliaria aumentó en un 22 por ciento sus ventas. Otro ejemplo: «Sí, es verdad que el tiempo empleado es más largo de lo que usted desearía, pero ello ocurre porque la calidad del servicio es mucho mejor y los beneficios serán mucho más duraderos».

3) Deje la objeción para el final. «Bueno, entonces la última cosa que falta que aclaremos para cerrar el negocio...» Pero si usted siente que todavía quedan otras objeciones, no lo dé todo por acabado, guarde algunas jugadas para más tarde y trate de enterarse de cuáles son esas otras objeciones. «Si llegamos a un acuerdo sobre ese detalle, ¿cerramos el negocio?» Aproximadamente un 30 por ciento de los negocios no llegan a un final favorable porque la negociación se hace con la persona equivocada. Si usted no está tratando con la persona que tiene el poder de decisión, use su última jugada (un descuento importante, por ejemplo) sólo como último recurso. En caso contrario, se arriesga a enfrentarse, después de pensar que estaba todo resuelto, a otro negociador que le exigirá «aquel descuento especial» como condición *sine qua non* para cerrar el negocio definitivamente.

4) Cambie la perspectiva del comprador. Haga preguntas. Utilice el método de Benjamin Franklin (que cité en el

capítulo 15), formulando todos los *pros* y los *contras* hasta demostrar que los pros pesan más en la balanza. Transforme su evaluación para que le sea favorable. Pregunte. Y, con las respuestas de su cliente, demuestre que los beneficios son mucho más importantes que las objeciones.

5) Responda anticipadamente a las objeciones. No espere por rutina que el cliente se las presente. Comience a citar las más corrientes, y responda a ellas antes de que él las deje entrar en su pensamiento. Esto anula gran parte del impacto de esas objeciones.

El mejor momento
para fregar una olla
es cuando todavía está caliente.
La elección del momento adecuado es fundamental.

Concluya la operación sólo cuando sienta que ha conseguido un estado mental favorable para sus objetivos.

* * *

¿Cuál es el mejor momento para fregar una olla? Cuando todavía está caliente. Pregúnteselo a un ama de casa, ella lo sabe. Lo mismo ocurre en una negociación. Muchas operaciones no se concretan porque, justamente en el momento de cerrar el negocio, el cliente dice: «Bien, muy bien, pero espere un poco, volveré mañana»; «Sólo quiero pensármelo un poco más»; «Llamaré en breve para que firmemos el contrato».

Si lo dejamos así, sin más, se enfría. De nada vale todo el

trabajo hecho para conducirlo al estado mental favorable, si en la «hora H» al cliente le asalta el famoso **arrepentimiento del comprador**. Cuando eso ocurra no pierda la compostura. La elección del momento adecuado es fundamental. Falta sólo un empujoncito para cerrar el negocio. Algunas empresas, previendo ese momento, guardan jugadas decisivas y secretas para asegurarse al comprador: «Quédese con el producto durante una semana. Si no le gusta, puede devolverlo sin ningún cargo por su parte». (El índice de devoluciones es mínimo en esos casos.) En ventas contra reembolso, ese argumento favorece la decisión del comprador: «Garantía especial para el consumidor: si a usted no le gusta nuestro producto, lo puede devolver en el plazo de 30 días y le devolveremos su dinero». Casi no hay devoluciones. Técnicas como esa dejan al **cliente satisfecho** y confiado, tanto desde el punto de vista ético como del económico.

Hablando de clientes satisfechos: usted puede utilizar mejor esta satisfacción usando la **ley de la reciprocidad**. Por ejemplo: un dentista envía una botella de champán a cada uno de sus clientes, con una tarjeta de agradecimiento por haberlo recomendado a otras personas. El regalo crea una relación de reciprocidad, que será tensa cuando el cliente no haya recomendado a nadie a ese dentista. Esa tensión muchas veces incita al cliente, aunque sea de forma inconsciente, a recomendar su dentista a otras personas.

* * *

Hemos visto, en los últimos capítulos, los pasos del proceso de influir en los demás. Recojamos esos siete pasos en una sola frase:

132

La **EXCELENCIA** en la **AMISTAD**

y la **CLASIFICACIÓN** mediante la **EXPERIENCIA**

hacen que la **DECISIÓN FACILITE** el **FUTURO**.

¡Guarde esa frase en su memoria, e intente ejercer siempre una buena **influencia** en su **comunicación**!

Sea un cinturón negro en influencia, pero use el *aikido* en lugar del *kung-fu*. El *aikido* es un arte marcial en el que la persona utiliza la fuerza del agresor para defenderse, sin herirlo. Protéjase y proteja a su interlocutor al mismo tiempo. Juegue a *ganar-ganar*.

18

La cibernética aplicada

Las opciones y el poder

¿Sabe cuál es la diferencia entre un aficionado y un profesional? Un aficionado hace un buen trabajo cuando todo, incluso su estado de ánimo, está bien. Un profesional tiene un buen rendimiento independientemente de las circunstancias. Es el músico que entusiasma al público aunque tenga una jaqueca. Es el payaso que después de acudir al funeral de su padre va al circo para hacer reír a los demás, porque esta es su profesión.

¿Qué hay detrás de esa diferencia entre el aficionado y el profesional? **Paciencia** y **persistencia**.

Paciencia, porque todo lo que es realmente importante no se construye en un día. A veces, para llegar al éxito hay que prepararse durante muchos años.

Persistencia, porque además de tener la paciencia de esperar, hay que continuar preparándose sin cesar.

El verdadero profesional es antes que nada una persona responsable. **Responsabilidad** es una palabra utilizada, generalmente, con un significado tergiversado. Su verdadero sentido es: «la capacidad de responder a los diferentes estímulos del Universo». Ahí es donde entramos en el campo de la cibernética.

¿Qué es la **cibernética**? Es la disciplina que estudia los sistemas autónomos. Por ejemplo: cuando instalamos un termostato en un equipo de aire acondicionado, estamos colocando «inteligencia» en una máquina. El aire acondicionado consigue de ese modo conectarse y desconectarse sin intervención del ser humano. El único estímulo que intervendrá en su funcionamiento es la temperatura del ambiente donde el equipo esté instalado. La temperatura es el *feedback*: le dice al aire acondicionado cuándo debe conectarse o desconectarse.

En un sistema cibernético, como es el caso del aire acondicionado o de la inteligencia interpersonal, quien controla el sistema es el elemento que tiene más responsabilidad. Esta es una ley básica de la cibernética: la **ley de la variedad de los requisitos** (fig. 19).

Esta ley nos muestra que cuantas más opciones (capacidad de responder) tenga un elemento del sistema, mayor es su poder (capacidad de generar acción) con respecto a los otros elementos pertenecientes al mismo sistema. Para que esta ley se aplique totalmente, son necesarios dos componentes: **conciencia** y **flexibilidad**. Lo explicaré con un ejemplo:

Imagine a un médico brillante, talentoso, que, no obstante, utiliza un lenguaje vulgar cuando habla en público o cuando atiende a sus clientes. Aunque su nivel social sea bueno, nunca se ha «escuchado» a sí mismo. Si alguien le hace oír una grabación de lo que dice, indicándole cuál es el problema, él tomará conciencia de la situación. Pero esto

136

LEY DE LA VARIEDAD
DE LOS REQUISITOS:

En todo sistema,
el elemento que lo controla
es el que tiene
mayor número de opciones.

Dos componentes
son necesarios:

– conciencia
– flexibilidad

Figura 19

no garantiza que cambie su manera de hablar. Para que
exista un cambio, es necesario un segundo elemento: la flexibilidad en el comportamiento.

* * *

Cuando dos o más personas se comunican, comienza a
funcionar un sistema cibernético. Quien tenga un mayor
número de opciones (conciencia y flexibilidad) controlará
el sistema. Si su interlocutor tiene cuatro maneras de decir
«no» como respuesta a su propuesta y usted tiene cinco
modos de presentársela, las posibilidades de que lo con-
venza se multiplican. Esto significa que usted tiene una
inteligencia interpersonal superior, al ser capaz de hacer un
mayor número de distinciones en la conversación, volvien-

do visible lo invisible, percibiendo más y aumentando sus posibilidades de intervención.

Con este libro usted aprenderá una serie de nuevas opciones para ser más inteligente en sus relaciones interpersonales. Conocerá una serie de modelos que podrán ayudarle a convertirse en un excelente comunicador. La flexibilidad para desaprender lo que aprendió de manera equivocada, su voluntad y su compromiso en usar esas nuevas opciones harán de usted una persona más inteligente y con más éxito.

Si continúa haciendo
lo que siempre ha hecho,
continuará obteniendo
lo que siempre ha obtenido.

Es una insensatez pensar que alguien puede continuar haciendo lo que siempre hizo y esperar resultados distintos. Si usted quiere convertirse en un buen comunicador, comience por utilizar nuevas técnicas en el campo de la comunicación. Si aplica las opciones presentadas en este libro, incrementará considerablemente su poder de persuasión. Su poder personal aumentará en la misma proporción.

19

La acción comunicativa

Observar al observador

Usted es observador y a la vez realizador de su propia historia, así como también de la historia de su especie y de la de su pueblo, y puede ampliar esa capacidad aguzando su comprensión como observador de su pasado y de su presente.

Recuerde algo sobre lo que ya hemos hablado: cuanto más consiga pensar sin juzgar, más aguda será su capacidad de observación.

En el momento en que aprenda a observar mejor, su inteligencia interpersonal aumentará.

Usted tiene más poder sobre las circunstancias del que éstas tienen sobre usted. Podemos decidir participar o no en la crisis económica. Por ejemplo: en nuestra empresa decidimos que no tenemos nada que ver con esa crisis.

Cada individuo tiene el poder de fabricar sus circunstancias favorables. Sólo se trata de quererlo, de verdad. Querer es poder.

* * *

En este libro le he presentado varias técnicas de acción comunicativa. ¿Por dónde quiere empezar?

Antes de nada, practique. Relea el libro si lo cree necesario, y apunte los principales pasos. Introduzca estas técnicas, poco a poco, en sus contactos más importantes. Este libro no se propone resolver todos los problemas de la comunicación. Eso sería una tarea imposible. Pero le abre caminos llenos de posibilidades.

A la hora de actuar, respire y piense un momento. ¿Cuál de los principios usará? Combinando varios de ellos, según la ocasión, aprovechará mejor esos recursos.

Piense.

Apunte.

Piense de nuevo.

¡Dispare!

* * *

En su acción comunicativa, preste atención a las preguntas básicas de la comunicación:

¿Qué es lo que quiere comunicar?

¿A quién?

¿Cómo?

¿Dónde?

¿Cuándo?

¿Por qué?

A veces sabemos a *quién* le queremos comunicar algo, pero no *cómo*. Si supiéramos aprovechar mejor nuestra capacidad, siempre sabríamos las respuestas a esas seis preguntas.

De este modo usted se librará incluso de aquella distracción eventual o permanente, o de aquella momentánea falta de atención que a veces ni siquiera percibe. Todos estamos sujetos a comportamientos automáticos, cuando el cerebro parece que deja de pensar durante algunos instantes, a veces mínimos. ¿Alguna vez ha hecho algo sin saber por qué? Dar una limosna casi sin darse cuenta, comprar algo por impulso, de repente, o dejar que alguien se le cuele sin saber cómo, son ejemplos comunes de comportamientos automáticos.

La vida es como un eco:
si no le gusta lo que recibe,
preste atención a lo que emite.

Sea siempre activo en su comunicación con el Universo.

* * *

Pero no se excite, vaya con calma. Aplique estas técnicas sólo una vez que se hayan convertido en algo muy espontáneo en su forma de comunicarse. Practicar la comunicación eficaz no es correr una carrera de 100 metros. Es participar en un maratón...

Para comunicarse bien con respecto al «producto» que usted vende, éste debe ser de buena calidad, de lo contrario nada podrán hacer las mejores técnicas del mundo. La honestidad y la inteligencia también forman parte del cuadro. Nada sustituye a la verdad.

Piense en grande. No se fije metas a corto plazo. Actúe en el presente, pero tenga en cuenta también el futuro. Viva el hoy y planifique el mañana. Desde el punto de vista de la comunicación eficaz, usted puede ser **carpa**, **tiburón** o **delfín**.*

La **carpa** sigue la ley de la menor resistencia. Es prácticamente ciega. Quien vive como una carpa (y realmente hay muchas personas con esas características) no está al corriente de lo que sucede. Está desconectado de la realidad. No le gusta autoafirmarse. Tiene miedo de decir «no». Y lo que piensa en su vida cotidiana es esto: «El Universo es un lugar donde reina la escasez. No jugaré, porque no voy a ganar... Si juego, perderé, sé que no ganaré». La carpa no ve ni a corto ni a largo plazo, se sacrifica durante toda su existencia. Todas las víctimas del mundo lo son.

El **tiburón**, por su parte, consigue ver a corto plazo, pero ignora las consecuencias a largo plazo. Siempre quiere sacar ventaja sobre los otros. Juega al juego de *ganar-perder*. No tiene confianza en sí mismo ni en los demás, y no inspira confianza a nadie. En su vida cotidiana piensa de un modo muy semejante al de la carpa: «El Universo es un lugar de escasez, no hay lo suficiente para todos. Por lo tanto, yo lograré lo mío, cueste lo que cueste».

Existe una tercera manera de vivir y comunicarse con el mundo. Es una alternativa que sólo tienen las personas ricas de espíritu que se encuentran más allá de la preocupación por la mera supervivencia, y significa un cambio de paradigma. Es la estrategia del **delfín**, que cultiva la confianza en todos los sentidos: en sí mismo, en los demás y en el Universo entero. Juega al juego de *ganar-ganar*. Y sabe

* Metáfora original de Paul L. Kordis y Dudley Lynch.

hacer más con menos. Vive a largo plazo, y al mismo tiempo vive atento al presente. El delfín piensa del siguiente modo: «El Universo es en potencia un lugar abundante, hay de todo para todos. **Para que yo gane, nadie necesita perder, a no ser que insista en ello, y entonces es su problema**».

Al comunicarse con los demás, usted puede elegir influir en ellos o manipularlos. Las técnicas son las mismas, pero las consecuencias son muy diferentes.

¡La elección continúa siendo suya!

20

Las metáforas en acción

Practique su futuro

Imagine un navío cruzando el océano, con un cargamento de oro a bordo, un barco potente, capaz de enfrentarse a las tormentas navegando a todo vapor. Realiza un viaje de gran importancia, rodeado de todas las precauciones.

Un día, el motor sufre una avería. Inmediatamente el comandante llama al técnico del puerto más cercano, quien trabaja durante una semana sin obtener resultados.

Llaman entonces al mejor ingeniero naval del país más próximo, quien trabaja en el motor tres días completos, sin descanso, y tampoco obtiene nada. El barco continúa averiado.

La empresa de navegación llama entonces al mejor especialista del mundo en ese tipo de motores. El especialista llega, observa detenidamente el cuarto de máquinas, escucha el ruido del vapor, examina la instalación de los tubos, abre su caja de herramientas, saca un pequeño martillo, da un golpe en una válvula roja que estaba un poco suelta y guarda el martillo en la caja. Ordena encender los motores y todo funciona con normalidad.

Llegan las facturas a las oficinas de la empresa de navegación. Por una semana de trabajo, el técnico cobra 700 dólares, 100 dólares por día. El ingeniero naval, por tres días de trabajo, cobra 900 dólares, 300 por día. Y el especialista, por su parte, cobra 10.000 dólares por el servicio.

–¿Cómo es que cobra 10.000 dólares por un minuto de trabajo y un solo golpe de martillo? –se pregunta la empresa.

Consultado al respecto, el especialista envía el siguiente detalle de gastos:

• Por dar un golpe de martillo: 1 dólar.
• Por saber dónde golpear: 9.999 dólares.

* * *

Lo que cuenta en el Universo no es dar el golpe, sino saber dónde hacerlo. Incluso usted puede delegar el golpe propiamente dicho en otra persona.

Más importante
que dar el golpe
es saber dónde golpear.

En el momento en que vivimos, con tantos cambios, preservar no es una buena elección. Mejore su capacidad para comunicarse. Sea más inteligente y **aprenda a hacer más con menos**.

Saber dónde golpear con el martillo se vuelve cada vez más importante. Aumentando su inteligencia interpersonal,

146

usted estará cada vez más seguro del punto exacto donde debe intervenir.

* * *

Las metáforas han estado presentes en todo este libro. Como ya vimos, comunicarse metafóricamente es decir alguna cosa refiriéndose a otra. Por ejemplo: «La vida es un juego», una metáfora muy utilizada para describir la vida. Todas las historias y analogías son metáforas, independientemente de que lo sepamos o no. Las parábolas bíblicas están escritas metafóricamente: de ahí su vigencia en todos los tiempos y el gran poder que tienen.

Las metáforas son instrumentos de comunicación muy poderosos, que repercuten en el cerebro en varios niveles, conscientes e inconscientes. Traspasan con facilidad las barreras de la mente crítica. Representan el *aikido* de la comunicación. Usted nunca será cinturón negro en comunicación mientras no sepa cómo utilizar las metáforas con elegancia y precisión.

La historia con que se abre este capítulo es una bella metáfora, que nos muestra cómo actúa en la realidad el conocimiento humano. Para finalizar el libro, le ofrezco otra metáfora de gran sabiduría. Léala tranquilamente y medite en ella.

Había una vez un escritor que vivía en una playa tranquila, junto a un pueblo de pescadores. Todas las mañanas caminaba por la orilla del mar para inspirarse, y durante las tardes se quedaba en casa, escribiendo.

Un día, caminando por la playa, divisó un bulto que daba

la impresión de bailar. Al aproximarse vio que se trataba de un joven que recogía las estrellas de mar que estaban en la playa, una por una, y las devolvía al océano.

–¿Por qué hace esto? –preguntó el escritor

–¿No se da usted cuenta? –replicó el joven–. La marea está baja y el sol brilla. Las estrellas se secarán y morirán si se quedan aquí en la arena.

–Joven, existen miles de kilómetros de costa en este mundo, y centenares de miles de estrellas de mar desparramadas por las playas. ¿Qué consigue con eso? Usted sólo devuelve unas pocas al océano. De cualquier manera, la mayoría morirán.

El joven cogió otra estrella de la arena, la arrojó de vuelta al océano, miró hacia el escritor y dijo:

–Para ésta, ya he conseguido algo.

Aquella noche el escritor no concilió el sueño ni tampoco consiguió escribir. Por la mañana muy temprano se dirigió a la playa. Se reunió con el joven y juntos comenzaron a devolver estrellas de mar al océano.

Espero que usted sea uno de los que quieren hacer de este Universo un lugar mejor gracias a su presencia. Si es así, le espero para que juntos devolvamos estrellas de mar al océano.

21

Test

Evalúe y aumente su potencial comunicativo

Conocer los puntos fuertes y débiles de su forma de percibir el mundo es el primer paso para aumentar su potencial comunicativo. El test que aparece en las páginas siguientes le dará una

Figura 20

clave valiosa para aprender a observarse en su comunicación interpersonal y para convertirse en un excelente comunicador en todos los momentos de su vida.

Elija 20 palabras de la siguiente lista que, por alguna razón, más le impresionen o destaquen en su percepción:

☐ 1. Tronar	☐ 31. Silbido
☐ 2. Retrato	☐ 32. Colorear
☐ 3. Mordedura	☐ 33. Cascabel
☐ 4. Desafinado	☐ 34. Sumergirse
☐ 5. Aureola	☐ 35. Discurso
☐ 6. Mezclar	☐ 36. Quemadura
☐ 7. Emoción	☐ 37. Murmurar
☐ 8. Trompeta	☐ 38. Sabroso
☐ 9. Apariencia	☐ 39. Gesticular
☐ 10. Espejismo	☐ 40. Espina
☐ 11. Gruñido	☐ 41. Estampa
☐ 12. Ventolera	☐ 42. Sensación
☐ 13. Comodidad	☐ 43. Acento
☐ 14. Audiencia	☐ 44. Visualización
☐ 15. Desteñido	☐ 45. Aroma
☐ 16. Picor	☐ 46. Ritmo
☐ 17. Ruborizarse	☐ 47. Húmedo
☐ 18. Palpable	☐ 48. Retórica
☐ 19. Iluminación	☐ 49. Gorjeo
☐ 20. Dulzura	☐ 50. Áspero
☐ 21. Eco	☐ 51. Pálido
☐ 22. Transparentar	☐ 52. Griterío
☐ 23. Timbre	☐ 53. Terciopelo
☐ 24. Enfocar	☐ 54. Claridad
☐ 25. Perfume	☐ 55. Observar
☐ 26. Ofuscar	☐ 56. Silencio
☐ 27. Ruido	☐ 57. Arrancar
☐ 28. Panorama	☐ 58. Brillante
☐ 29. Elocuencia	☐ 59. Orquesta
☐ 30. Periscopio	☐ 60. Paisaje

□ 61. Textura   □ 64. Espejo
□ 62. Acústico   □ 65. Sinfonía
□ 63. Aferrar   □ 66. Escenario

Transfiera sus respuestas a esta página, marcando solamente los números de las palabras que usted ha escogido, y luego apunte abajo, en la línea de los totales, la cantidad de palabras que haya marcado en cada grupo (A, B o C):

A	B	C
□ 2	□ 1	□ 3
□ 5	□ 4	□ 6
□ 9	□ 8	□ 7
□ 10	□ 11	□ 12
□ 15	□ 14	□ 13
□ 17	□ 21	□ 16
□ 19	□ 23	□ 18
□ 22	□ 27	□ 20
□ 24	□ 29	□ 25
□ 26	□ 31	□ 34
□ 28	□ 33	□ 36
□ 30	□ 35	□ 38
□ 32	□ 37	□ 39
□ 41	□ 43	□ 40
□ 44	□ 46	□ 42
□ 51	□ 48	□ 45
□ 54	□ 49	□ 47
□ 55	□ 52	□ 50
□ 58	□ 56	□ 53
□ 60	□ 59	□ 57
□ 64	□ 62	□ 61
□ 66	□ 65	□ 63

Totales	+	+	= 20

Multiplique por cinco el total obtenido en cada columna:

COLUMNA A: _____ x 5 = _____
COLUMNA B: _____ x 5 = _____
COLUMNA C: _____ x 5 = _____

Ahora indique su puntuación en el siguiente cuadro:

%				%
100	•	•	•	100
90	•	•	•	90
80	•	•	•	80
70	•	•	•	70
60	•	•	•	60
50	•	•	•	50
40	•	•	•	40
30	•	•	•	30
20	•	•	•	20
10	•	•	•	10
0	•	•	•	0

Columna A	Columna B	Columna C
Visual	Auditivo	Cinestésico

Uniendo los puntos marcados en cada columna, tendrá un gráfico de su capacidad de comunicación en los tres diferentes canales (**visual, auditivo, cinestésico**). Vea cuál de ellos es el predominante y cuál es el que usted menos domina.

Su puntuación más alta indica la predominancia. Su puntuación más baja muestra en qué aspectos podría mejorar su forma de comunicarse, aumentando de ese modo su potencial comunicativo.

Relea, en el capítulo 7, las características de cada uno de

estos tres tipos de lenguaje, y practique con las técnicas presentadas en este libro, perfeccionando todavía más su punto fuerte y fortaleciendo también sus puntos débiles.

Recuerde que el buen comunicador necesita hablar (y captar) los tres lenguajes al mismo tiempo. Sea «políglota», aunque sólo hable un idioma.

Responda a estas preguntas para registrar lo que más le ha impresionado de este libro:

1) Tres cosas que he aprendido con este libro:

_____

_____

_____

_____

2) ¿Cómo pondré en práctica lo aprendido?

_____

_____

_____

_____

3) ¿Qué resultados espero obtener?

_____

_____

_____

_____

_____

4) ¿Con quién compartiré estas ideas?

_____

_____

_____

_____

Últimos títulos publicados

Thomas Moore
EL CUIDADO DEL ALMA
Una obra que nos propone cultivar el alma para dar profundidad y significado a nuestras vidas. La familia, el amor, el dinero, la enfermedad, la creatividad..., en definitiva, todo aquello que es parte de la vida de cada día, adquiere aquí una dimensión diferente. «Una obra modesta, y por eso mismo maravillosa, sobre la vida del espíritu.»

Robin Casarjian
PERDONAR
Esta obra nos ayudará a encontrar una salida a los sentimientos de culpa, a la autocrítica, al rencor, a la rabia... El perdón sanará nuestra vida y la de aquellos con quienes nos relacionamos, trayéndonos salud y armonía duraderas.

Marianne Williamson
VOLVER AL AMOR
La autora es muy conocida en Estados Unidos por su acción en favor de las personas que padecen enfermedades graves, así como también por sus charlas en las que pone de manifiesto su compromiso con una nueva espiritualidad para nuestro tiempo. Sus comentarios de la famosa obra *Un curso de milagros* le han servido para elaborar un mensaje en el que el amor es el núcleo central. Sólo el amor nos devolverá la paz personal y nos permitirá el crecimiento personal.

Marianne Williamson
EL VALOR DE LO FEMENINO
La confusión parece ser el denominador común de muchas mujeres de nuestra época. Algunas creen que pueden recibirlo todo, pero las retiene su autodesvalorización. Otras temen que lo que piden sea demasiado. Marianne Williamson nos dice que las mujeres debemos primero examinar nuestra vida interior antes de salir a conquistar el mundo.

Harriet G. Lerner
LA VERDAD Y LA MENTIRA
EN LA VIDA DE LAS MUJERES
La doctora Lerner nos invita a participar en una exploración
inédita de las expresiones de verdad y engaño en la vida de la
mujer. Mediante ejemplos íntimos o profundamente políticos,
nos brinda elementos que explican las infinitas razones que
pueden llevar a las mujeres a ocultar lo real.

François Mariet
DÉJENLOS VER LA TELEVISIÓN
Los niños encuentran en la televisión una fuente irreemplaza-
ble de entretenimiento e información. Saber usarla constituye
un reto imprescindible para los padres y maestros de hoy.

Mechthild Scheffer
Wolf-Dieter Storl
FLORES QUE CURAN EL ALMA
¿Qué fuerzas actúan en las flores de Bach? Las más recientes in-
dagaciones en las plantas escogidas por el doctor Bach, vistas
desde la perspectiva que ofrece la antropología cultural y la et-
nobotánica: el chamanismo europeo, la homeopatía de Hahne-
mann y las fuerzas cósmicas recogidas en las esencias florales.
Ilustrado con bellas fotografías que hacen visibles los campos
de fuerza de las plantas.

Dr. Lair Ribeiro
EL ÉXITO NO LLEGA POR CASUALIDAD
LA PROSPERIDAD
En cada momento estamos creando en la mente nuestra propia
realidad. Por lo tanto, ampliar nuestra inteligencia, utilizar
mejor nuestros recursos «haciendo más con menos», saber despertar la confianza en nuestros interlocutores y aumentar nuestro poder personal son objetivos necesarios para obtener algo
diferente de lo que estamos habituados. A partir de técnicas ba-
sadas en la programación neurolingüística y el pensamiento la-
teral, el doctor Ribeiro nos enfrenta con un desafío enriquece-
dor: el de romper las amarras y bloqueos que subyacen en lo
más profundo de nuestras mentes.

Robert Henrikson
MICROALGA SPIRULINA
La spirulina, un alga que se encuentra en forma natural en los lagos alcalinos de varios países del mundo, es un extraordinario nutriente, con notables efectos antibióticos, rico en minerales y vitaminas. Actualmente la utilizan millones de personas que mejoran así su nutrición y evitan enfermedades carenciales.

Jonathan S. Christie
LOS ACEITES OMEGA EN LA ALIMENTACIÓN
Los trastornos causados por una dieta pobre en aceites omega, o ácidos grasos esenciales, incluyen problemas cardiacos, cáncer, trastornos de peso, estrés, depresión, alcoholismo, debilitamiento inmunitario, etc. Todos ellos pueden encontrar en estos aceites un medio excepcional para su prevención y tratamiento.

Patricia Hausman y Judith Benn Hurley
LOS ALIMENTOS QUE CURAN
Guía muy completa de los alimentos que tienen un efecto positivo sobre la salud y de aquellos que conviene evitar según las enfermedades. Una primera parte analiza las enfermedades y los alimentos que ayudan en su prevención o en su curación, y una segunda parte estudia cada alimento por separado, terminando con una o más recetas para aprovechar sus valores nutritivos y saludables.

Dr. Michel Odent
LA SALUD Y LOS ÁCIDOS GRASOS ESENCIALES
Los ácidos grasos esenciales son indispensables para la nutrición, pero nuestro cuerpo no puede elaborarlos, de modo que deben formar parte de nuestra dieta. Están presentes en el aceite de pescado, el aceite de onagra, la spirulina, etc.